EL ARTE GASTRÓNOMO DE WELLINGTON Y EN CROÛTE

El libro de cocina definitivo para 100 platos elegantes y envueltos

Esperanza Romero

Material con derechos de autor ©2023

Reservados todos los derechos

Ninguna parte de este libro puede usarse ni transmitirse de ninguna forma ni por ningún medio sin el debido consentimiento por escrito del editor y del propietario de los derechos de autor, excepto las breves citas utilizadas en una reseña . Este libro no debe considerarse un sustituto del asesoramiento médico, legal o de otro tipo profesional.

TABLA DE CONTENIDO

TABLA DE CONTENIDO 3
INTRODUCCIÓN 6
WELLINGTON 7
   1. Ternera Wellington clásica 8
   2. Salmón Wellington 10
   3. Wellington de ternera y champiñones 12
   4. Spam Wellington 14
   5. Mini ternera Wellington 16
   6. Pastel de carne Wellington 19
   7. Pollo Wellington 21
   8. Pato Wellington 23
   9. Cordero Wellington 25
   10. Mariscos Wellington 27
   11. Rape al curry Wellington 29
   12. Venado Wellington 31
   13. Ternera Wellington con espinacas y champiñones castaños 33
   14. Chirivía y Porcini Wellington 35
   15. Wellington vegano de champiñones 37
   16. Miso vegano, champiñones, calabaza y castañas Wellington 40
   17. Coliflor Wellington 43
   18. Wellingtons de cordero con relleno de quinua y hierbas 45
   19. Wellingtons de ternera individuales 47
   20. Mini ternera y prosciutto Wellington 50
   21. Carne molida Wellington 53
   22. Carne Wellington con mezcla de champiñones criollos 55
   23. Ternera Wellington Sous Vide 58
   24. Pastel de carne Wellington 61
   25. Bocaditos de carne Wellington 64
   26. Carne de res Wellington del pobre 67
   27. Albóndiga Wellington 70
   28. Freidora de aire con carne molida Wellington 73
   29. Dorada Wellington con coliflor, pepino y rábano 75
   30. Carne Wellington estilo Texas 77
   31. Verduras Wellington 79
   32. Jackalope Wellington 82
   33. Ternera italiana Wellington 85
   34. Lentejas Vegetarianas Wellington 88
   35. Portobello, Pecan y Chestnut Wellington 91
   36. Cerdo Wellington 94
   37. Ternera Wellington A La Parrilla 97
   38. Pavo Wellington de higos y salvia 100
   39. Queso azul y ternera Wellington 103

40. Solomillo de cerdo con hojaldre al horno 106
EN CROÛTE **108**
   41. Salmón Belga En Hojaldre 109
   42. Seitán En Croute 112
   43. Pollo y champiñones en croûte 114
   44. Verduras En Croûte 116
   45. Carne De Res Y Queso Azul En Croûte 118
   46. Espinacas y queso feta en croûte 120
   47. Ratatouille En Croûte 122
   48. Camarones y espárragos en croûte 124
   49. Manzana y Brie En Croûte 126
   50. Brie En Croute 128
   51. Paté en croûte rústico 130
   52. Filet de boeuf en croûte 133
   53. Paté de pato en croûte 136
   54. Pollo en Croûte con Salami, Queso Suizo y Azul 139
   55. Salmón en croûte Air Fryer 142
   56. Trucha arco iris nepalí en croûte 144
   57. Brie en Croûte de granada 147
   58. Fletán en croûte con crema de limón y estragón 149
   59. Trucha oceánica Coulibiac en Croûte 152
   60. Pollo En Croûte Al Mango 155
   61. Caprese En Croûte 157
   62. Camarones Al Pesto En Croûte 159
   63. Calabaza y salvia en croûte 161
   64. Higos y Queso De Cabra En Croûte 163
   65. Aceite En Croûte De Champiñones Y Trufa 165
   66. Camote y queso feta en croûte 167
   67. Espárragos en croûte envueltos en jamón 169
STRUDELS **171**
   68. Strudel De Cerdo Estofado Con Salsa De Manzana Verde 172
   69. Strudels De Pollo Y Andouille 174
   70. Milhojas de Cigalas con Dos Salsas 177
   71. Strudel de salmón abundante con eneldo 180
   72. Milhojas De Cordero Y Tomate Seco 183
   73. Milhojas de verduras marroquíes 186
   74. Strudel De Salmón Ahumado Y Brie 189
   75. Trucha Ahumada Y Strudel De Manzana A La Parrilla 192
   76. Milhojas de setas silvestres 194
   77. Milhojas de hígado 197
   78. Milhojas De Carne 200
   79. Strudel De Berenjena Y Tomate 203
   80. Milhojas De Calabacín Con Carne Picada 206

- 81. Milhojas de ternera y brócoli 209
- 82. Strudels De Salchicha Y Champiñones 212
- 83. Milhojas de setas y calabacín 215
- 84. Milhojas De Champiñones 218

MÁS PLATOS ENVASE 220
- 85. Croustades de lomo con relleno de queso y champiñones 221
- 86. Rollitos de salchicha al whisky 224
- 87. Molinetes de mango y salchicha 226
- 88. Molinetes de hojaldre de atún 228
- 89. Cerditos en una hamaca 231
- 90. Rollitos De Salchicha De Hojaldre 233
- 91. Estofado de ternera a las hierbas con hojaldre 235
- 92. Rollitos de salchicha de cordero con yogur harissa 238
- 93. Pastel de olla estilo libanés 240
- 94. Pastel de verduras 242
- 95. Pastel abierto de espinacas y pesto 244
- 96. Burekas 246
- 97. Pastel de bistec 249
- 98. Flotador de pastel australiano 252
- 99. Pastel de bistec y cebolla 255
- 100. Hojaldres de Jamón y Queso 258

CONCLUSIÓN 260

INTRODUCCIÓN

Embárquese en un viaje culinario que combina arte y gastronomía con " EL ARTE GASTRÓNOMO DE WELLINGTON Y EN CROÛTE" Este libro de cocina lo invita a explorar el reino de los platos elegantes envueltos, donde los sabores están encerrados en capas de exquisita masa, creando obras maestras culinarias que trascienden lo común. Con 100 recetas meticulosamente seleccionadas, esta colección es una celebración de lo atemporal y sofisticado. arte de Wellington y En Croûte .

Imagina una experiencia gastronómica donde cada plato es un espectáculo visual, una sinfonía de texturas y una explosión de sabores que cautivan el paladar. EL ARTE GASTRÓNOMO DE WELLINGTON Y EN CROÛTE" es su guía para crear estas maravillas culinarias, ya sea que esté organizando una cena lujosa, tratando de impresionar a los invitados o simplemente disfrutando del placer de preparar platos elevados en casa.

Desde el clásico Beef Wellington hasta innovadoras opciones vegetarianas, este libro de cocina explora la versatilidad de los platos envasados y ofrece una amplia gama de recetas que se adaptan a todos los gustos y ocasiones. Ya sea que sea un chef experimentado o un cocinero casero ansioso por mejorar sus habilidades culinarias, estas recetas están diseñadas para desmitificar el arte de envolver y brindar elegancia gourmet a su mesa.

Únase a nosotros mientras desentrañamos las capas de hojaldre, descubrimos los suculentos rellenos y nos adentramos en el mundo del refinamiento culinario. " EL ARTE GASTRÓNOMO DE WELLINGTON Y EN CROÛTE" no es sólo un libro de cocina; es una invitación a transformar su cocina en un lienzo para el arte gourmet. Así que póngase el delantal, afile sus cuchillos y deje que se desarrolle la obra maestra culinaria.

WELLINGTON

1. Wellington de ternera clásica

INGREDIENTES:
- 2 libras de lomo de res
- 2 cucharadas de aceite de oliva
- Sal y pimienta para probar
- 1 libra de champiñones, finamente picados
- 4 cucharadas de mostaza Dijon
- 8 rebanadas de prosciutto
- Hojas de hojaldre

INSTRUCCIONES:
a) Precalienta el horno a 425°F (220°C).
b) Frote la carne con aceite de oliva, sal y pimienta.
c) Dorar la carne en una sartén caliente hasta que se dore por todos lados.
d) Combine los champiñones en una sartén hasta que la humedad se evapore.
e) Unte la carne con mostaza, cubra con prosciutto y luego con la mezcla de champiñones.
f) Estirar el hojaldre y envolver la carne sellando los bordes.
g) Hornee durante 25-30 minutos o hasta que estén dorados.

2.Salmón Wellington

INGREDIENTES:
- 1 hoja de hojaldre
- 1 libra) de filete de salmón, sin piel
- 1/2 taza (120 g) de queso crema, ablandado
- 1/4 taza (60 ml) de eneldo fresco picado
- 2 cucharadas (30 ml) de mostaza Dijon
- 1 cucharada (15 ml) de jugo de limón
- Sal y pimienta
- 1 huevo batido
- Harina, para espolvorear

INSTRUCCIONES:

a) Precalienta el horno a 400°F (200°C).

b) Extienda el hojaldre sobre una superficie ligeramente enharinada hasta darle forma de rectángulo.

c) En un bol, mezcle el queso crema, el eneldo picado, la mostaza de Dijon, el jugo de limón, la sal y la pimienta.

d) Extiende la mezcla de queso crema de manera uniforme sobre el hojaldre, dejando un borde de 2,5 cm (1 pulgada).

e) Coloque el filete de salmón encima de la mezcla de queso crema y doble la masa para cubrir completamente el salmón, sellando los bordes.

f) Cepille el huevo batido sobre la masa y use un cuchillo afilado para marcar la parte superior en forma diagonal.

g) Hornee durante 25-30 minutos o hasta que la masa esté dorada y el salmón bien cocido.

h) Déjelo enfriar durante 5 a 10 minutos antes de cortarlo y servirlo. ¡Disfrutar!

3. Carne De Res Y Champiñones Wellington

INGREDIENTES:
- 2 láminas de hojaldre
- 4 filetes de solomillo de ternera
- 1/4 taza de mostaza Dijon
- 1/4 taza de champiñones picados
- 1/4 taza de cebolla picada
- 2 dientes de ajo, picados
- 2 cucharadas de mantequilla
- Sal y pimienta

INSTRUCCIONES:
a) Precalienta el horno a 400°F (200°C).
b) Sazone los filetes de solomillo de ternera con sal y pimienta.
c) En una sartén, derrita la mantequilla y saltee los champiñones, la cebolla y el ajo hasta que estén tiernos.
d) Extender el hojaldre sobre una superficie ligeramente enharinada y untar sobre él la mostaza de Dijon.
e) Coloque los filetes de solomillo de res encima de la mostaza y vierta la mezcla de champiñones sobre los filetes.
f) Envuelva la masa alrededor de la carne y úntela con huevo batido.
g) Hornee durante 25-30 minutos o hasta que la masa esté dorada.

4.Spam Wellington

INGREDIENTES:
- 1 lata (12 onzas) de Spam, entera (sin cortar en cubitos)
- 1 paquete de láminas de hojaldre
- 1 huevo, ligeramente batido (para batir el huevo)
- 2 cucharadas de mostaza Dijon
- 1 cucharada de miel
- Sal y pimienta para probar
- Opcional: 2 cucharadas de mantequilla para rociar

INSTRUCCIONES:
a) Precalienta tu horno a 375°F (190°C). Cubra una bandeja para hornear con papel pergamino.
b) En un tazón pequeño, mezcle la mostaza de Dijon, la miel, la sal y la pimienta para hacer el glaseado de mostaza.
c) Extiende la lámina de hojaldre sobre una superficie enharinada.
d) Colocar todo el Spam en el centro de la lámina de hojaldre.
e) Cepille la parte superior y los lados del Spam con el glaseado de mostaza.
f) Dobla el hojaldre sobre el Spam para cubrirlo completamente. Presione los bordes para sellar.
g) Coloque el Spam envuelto en la bandeja para hornear preparada, con la costura hacia abajo.
h) Cepille la parte superior de la masa con el huevo batido para obtener un acabado dorado.
i) Opcionalmente, rocíe la masa con mantequilla derretida para realzar el sabor y la textura.
j) Hornea el Spam Wellington en el horno precalentado durante unos 25-30 minutos, o hasta que la masa esté inflada y dorada.
k) Retire el Wellington del horno y déjelo enfriar un poco antes de cortarlo.
l) ¡Sirve este elegante y delicioso Spam Wellington como un plato único e impresionante!

5. Mini ternera Wellington

INGREDIENTES:
- 1 libra de lomo de res, cortado en medallones pequeños
- Sal y pimienta para probar
- 2 cucharadas de aceite de oliva
- 1 cucharada de mostaza Dijon
- 1 paquete (17,3 onzas) de hojaldre, descongelado
- 1 huevo batido (para batir el huevo)
- Opcional: duxelles de champiñones (mezcla de champiñones) para darle más sabor

INSTRUCCIONES:
a) Precalienta tu horno a 400°F (200°C).
b) Sazone los medallones de carne con sal y pimienta por todos lados.
c) En una sartén caliente, calienta el aceite de oliva a fuego medio-alto.
d) Dorar los medallones de carne durante aproximadamente 1 a 2 minutos por cada lado hasta que se doren. Sáquelo del fuego y apártelo.
e) Extienda el hojaldre sobre una superficie ligeramente enharinada hasta que tenga un grosor de aproximadamente 1/4 de pulgada.
f) Corta el hojaldre en cuadrados o rectángulos, lo suficientemente grandes como para encerrar los medallones de carne.
g) Opcional: Unte una fina capa de mostaza de Dijon o duxelles de champiñones en cada pieza de hojaldre para darle más sabor.
h) Coloque un medallón de carne chamuscado en el centro de cada trozo de hojaldre.
i) Dobla los bordes del hojaldre sobre la carne, sellándola por completo.
j) Coloque las Wellingtons de carne envueltas en una bandeja para hornear forrada con papel pergamino, con la costura hacia abajo.
k) Cepille la parte superior de las botas de agua con huevo batido para obtener un acabado dorado.
l) Hornee en el horno precalentado durante unos 15-20 minutos, o hasta que el hojaldre esté dorado y la carne alcance el nivel deseado de cocción.
m) Retirar del horno y dejar reposar las Mini Beef Wellingtons unos minutos antes de servir.
n) Sirva como un delicioso aperitivo y disfrute de la tierna carne y el hojaldre.

6.Pastel de carne Wellington

INGREDIENTES:
- 1 lata (10,75 onzas) de crema de champiñones condensada
- 2 libras de carne molida
- ½ taza de pan rallado seco, fino
- 1 huevo, ligeramente batido
- ⅓ taza de cebolla, finamente picada
- 1 cucharadita de sal
- ⅓ taza de agua
- Paquete de 8 onzas de panecillos refrigerados en forma de media luna

INSTRUCCIONES:
a) Precaliente el horno a 375 grados F.
b) Mezcle bien ½ taza de sopa, carne, pan rallado, huevo, cebolla y sal.
c) Forme firmemente una hogaza de 4 x 8 pulgadas; colóquelo en una fuente para hornear poco profunda.
d) Hornee por 1 hora. En una cacerola, mezcle el resto de la sopa, el agua y 2 a 3 cucharadas de la grasa. Calor; revuelva ocasionalmente y sirva con el pan.
e) Una vez preparado el pan, retire la grasa con una cuchara.
f) Separe los panecillos en forma de media luna y colóquelos transversalmente sobre los lados superior e inferior del pastel de carne, superponiéndolos ligeramente.
g) Hornea por 15 minutos más.

7.Pollo Wellington

INGREDIENTES:
- 4 pechugas de pollo deshuesadas y sin piel
- Sal y pimienta para probar
- 2 cucharadas de aceite de oliva
- 1 taza de espinacas, picadas
- 1/2 taza de queso feta, desmenuzado
- Hojas de hojaldre

INSTRUCCIONES:

a) Precalienta el horno a 400°F (200°C).
b) Sazona el pollo con sal y pimienta.
c) Saltee el pollo en aceite de oliva hasta que se dore.
d) Mezcle las espinacas y el queso feta y colóquelos sobre el pollo.
e) Estirar el hojaldre, envolver el pollo y sellar los bordes.
f) Hornee durante 25-30 minutos hasta que la masa esté dorada.

8.Pato Wellington

INGREDIENTES:
- 2 pechugas de pato
- Sal y pimienta para probar
- 2 cucharadas de aceite de oliva
- 1 taza de champiñones, finamente picados
- 2 cucharadas de brandy
- Foie gras (opcional)
- Hojas de hojaldre

INSTRUCCIONES:
a) Precalienta el horno a 400°F (200°C).
b) Sazone las pechugas de pato con sal y pimienta.
c) Dorar el pato en aceite de oliva hasta que la piel esté crujiente.
d) Saltee los champiñones, agregue el brandy y cocine hasta que el líquido se evapore.
e) Coloque el foie gras (si lo usa) sobre el pato y cubra con la mezcla de champiñones.
f) Estirar el hojaldre, envolver el pato y sellar los bordes.
g) Hornee durante 25-30 minutos hasta que la masa esté dorada.

9.Cordero Wellington

INGREDIENTES:
- 2 libras de lomo de cordero
- Sal y pimienta para probar
- 2 cucharadas de aceite de oliva
- 1 taza de gelatina de menta
- 1 taza de pan rallado
- Hojas de hojaldre

INSTRUCCIONES:
a) Precalienta el horno a 400°F (200°C).
b) Sazone el cordero con sal y pimienta.
c) Dorar el cordero en aceite de oliva hasta que se dore.
d) Unte el cordero con gelatina de menta y cúbralo con pan rallado.
e) Estirar el hojaldre, envolver el cordero y sellar los bordes.
f) Hornee durante 25-30 minutos hasta que la masa esté dorada.

10. Mariscos Wellington

INGREDIENTES:
- 4 filetes de pescado blanco
- Sal y pimienta para probar
- 2 cucharadas de aceite de oliva
- 1 taza de mezcla de mariscos (camarones, vieiras, etc.)
- 1/2 taza de queso crema
- Hojas de hojaldre

INSTRUCCIONES:
a) Precalienta el horno a 400°F (200°C).
b) Sazone el pescado con sal y pimienta.
c) Saltee la mezcla de mariscos hasta que esté cocida, mezcle con el queso crema.
d) Estirar el hojaldre, colocar el pescado, esparcir la mezcla de mariscos.
e) Envuelva la masa alrededor del pescado y selle los bordes.
f) Hornee durante 20-25 minutos hasta que la masa esté dorada.
g) ¡Disfruta de estas recetas adicionales de Wellington!

11.Rape al curry Wellington

INGREDIENTES:
- 4 filetes de rape
- Sal y pimienta para probar
- 2 cucharadas de aceite de oliva
- 2 cucharadas de curry en polvo
- 1 cebolla, finamente picada
- 2 dientes de ajo, picados
- 1 taza de leche de coco
- 1 taza de espinacas, picadas
- Hojas de hojaldre

INSTRUCCIONES:
a) Precalienta el horno a 400°F (200°C).
b) Sazone los filetes de rape con sal, pimienta y curry en polvo.
c) Dorar el rape en aceite de oliva hasta que se dore por todos lados.
d) En la misma sartén, saltee la cebolla y el ajo hasta que se ablanden.
e) Agregue la leche de coco a la sartén y cocine a fuego lento. Deje que la mezcla se espese un poco.
f) Agregue espinacas picadas a la mezcla de curry, revolviendo hasta que se ablanden.
g) Estirar el hojaldre y colocar una porción de la mezcla de espinacas y curry sobre cada filete.
h) Envolver el rape con el hojaldre, sellando los bordes.
i) Coloca el rape envuelto en una bandeja para horno y hornea durante 20-25 minutos o hasta que la masa esté dorada.
j) Sirve tu Rape Wellington al curry con arroz o tus guarniciones favoritas. ¡Disfrutar!

12. Venado Wellington

INGREDIENTES:
- 4 filetes de venado
- Sal y pimienta para probar
- 2 cucharadas de aceite de oliva
- 1/2 taza de vino tinto
- 1 cebolla, finamente picada
- 2 dientes de ajo, picados
- 8 oz de champiñones, finamente picados
- 1 cucharada de tomillo fresco, picado
- mostaza de Dijon
- Hojas de hojaldre
- 1 huevo (para batir huevos)

INSTRUCCIONES:
a) Precalienta el horno a 400°F (200°C).
b) Sazone los filetes de venado con sal y pimienta.
c) En una sartén caliente, dorar los filetes en aceite de oliva hasta que se doren por todos lados.
d) Desglase la sartén con vino tinto, raspando los trozos dorados. Dejar de lado.
e) En la misma sartén, saltee la cebolla y el ajo hasta que se ablanden.
f) Agregue los champiñones y el tomillo y cocine hasta que los champiñones suelten su humedad y se doren.
g) Unte mostaza de Dijon sobre los filetes de venado chamuscados.
h) Coloca una porción de la mezcla de champiñones encima de cada filete.
i) Estirar el hojaldre y envolver cada filete sellando los bordes.
j) Coloque los filetes envueltos en una bandeja para hornear.
k) Cepille el hojaldre con huevo batido para darle un acabado dorado.
l) Hornee durante 20-25 minutos o hasta que la masa esté dorada.
m) Sirve tu Venison Wellington con una reducción de vino tinto o tu salsa favorita. ¡Disfruta de este plato elegante y sabroso!

13. Wellington de ternera con espinacas y champiñones castaños

INGREDIENTES:
- 1,5 kilos de solomillo de ternera
- Sal y pimienta negra al gusto
- 2 cucharadas de aceite de oliva
- 1 libra de champiñones castaños, finamente picados
- 2 dientes de ajo, picados
- 2 tazas de espinacas frescas, picadas
- 2 cucharadas de mostaza Dijon
- 8 rebanadas de prosciutto
- Hojas de hojaldre
- 1 huevo (para batir huevos)

INSTRUCCIONES:
a) Precalienta el horno a 425°F (220°C).
b) Sazona el lomo de ternera con sal y pimienta negra.
c) Caliente el aceite de oliva en una sartén y dore la carne hasta que se dore por todos lados. Dejar de lado.
d) En la misma sartén, saltee los champiñones y el ajo hasta que los champiñones suelten su humedad y se doren.
e) Agregue espinacas picadas a la mezcla de champiñones y cocine hasta que se ablanden. Deja que la mezcla se enfríe.
f) Unte mostaza de Dijon sobre el lomo de res chamuscado.
g) Coloque las rodajas de prosciutto sobre una hoja de plástico, superponiéndolas ligeramente.
h) Unte la mezcla de champiñones y espinacas sobre el prosciutto.
i) Coloque la carne encima y enrolle la mezcla de prosciutto y champiñones alrededor de la carne, formando un tronco.
j) Estirar el hojaldre y envolver el rollito de ternera sellando los bordes.
k) Cepille la masa con huevo batido para obtener un acabado dorado.
l) Coloque la carne envuelta en una bandeja para hornear y hornee durante 25-30 minutos o hasta que la masa esté dorada.
m) Deje reposar el Beef Wellington durante unos minutos antes de cortarlo. ¡Sirve con tu salsa favorita y disfruta!

14. Chirivía y Porcini Wellington

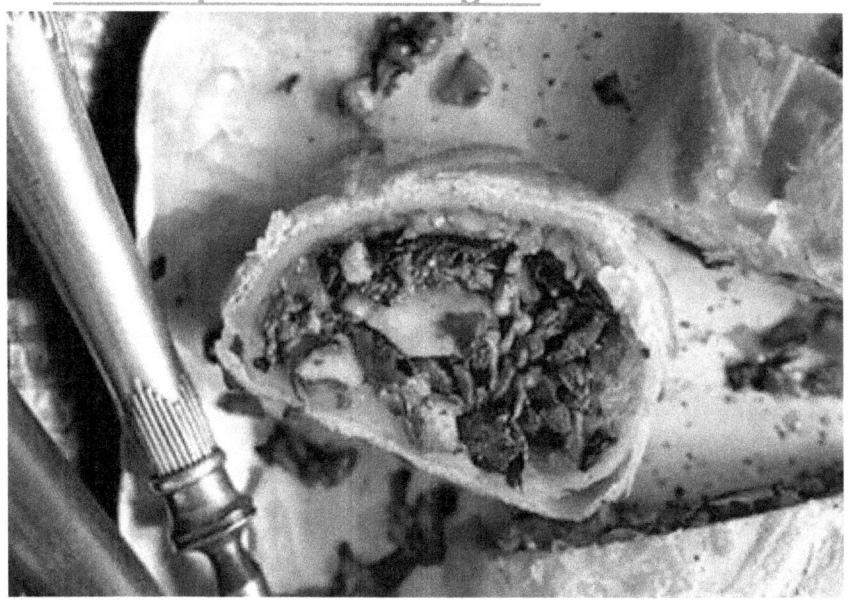

INGREDIENTES:
- 2 tazas de champiñones porcini secos
- 1 taza de agua hirviendo
- 2 cucharadas de aceite de oliva
- 1 cebolla, finamente picada
- 3 dientes de ajo, picados
- 4 chirivías, peladas y ralladas
- 1 taza de pan rallado
- 1/2 taza de perejil fresco, picado
- Sal y pimienta negra al gusto
- Hojas de hojaldre
- 1 huevo (para batir huevos)

INSTRUCCIONES:
a) Precalienta el horno a 400°F (200°C).
b) Coloque los champiñones porcini secos en un bol y cúbralos con agua hirviendo. Déjalos en remojo durante 20 minutos, luego escurre y pica.
c) En una sartén calentar aceite de oliva y sofreír la cebolla y el ajo hasta que se ablanden.
d) Agregue las chirivías ralladas a la sartén y cocine hasta que suelten su humedad y se ablanden.
e) Agregue los champiñones porcini picados, el pan rallado y el perejil fresco. Sazone con sal y pimienta negro. Deja que la mezcla se enfríe.
f) Extienda el hojaldre y extienda la mezcla de chirivía y boletus sobre la masa.
g) Coloque la mezcla de chirivía y boletus en el centro de la masa, dejando espacio alrededor de los bordes.
h) Doblar la masa sobre el relleno, sellando los bordes. Puedes crear un patrón de celosía en la parte superior si lo deseas.
i) Cepille la masa con huevo batido para obtener un acabado dorado.
j) Coloque la Wellington envuelta en una bandeja para hornear y hornee durante 25-30 minutos o hasta que la masa esté dorada.
k) Deje que la chirivía y el porcini Wellington se enfríen durante unos minutos antes de cortarlos. Sirva con una guarnición de su salsa o chutney favorito. ¡Disfrutar!

15.Wellington de champiñones veganos

INGREDIENTES:
- 2 cucharadas de aceite de oliva
- 1 cebolla, finamente picada
- 3 dientes de ajo, picados
- 1 libra de champiñones mixtos (como cremini, shiitake y ostra), finamente picados
- 1 taza de espinacas, picadas
- 1/2 taza de nueces picadas
- 1 cucharada de salsa de soja
- 1 cucharadita de tomillo, seco
- Sal y pimienta negra al gusto
- Hojas de hojaldre
- 1 cucharada de leche vegetal (para el cepillado)
- Semillas de sésamo (opcional, para decorar)

INSTRUCCIONES:
a) Precalienta el horno a 400°F (200°C).
b) En una sartén calentar aceite de oliva y sofreír la cebolla y el ajo hasta que se ablanden.
c) Agrega los champiñones picados a la sartén y cocina hasta que la humedad se evapore.
d) Agrega las espinacas, las nueces, la salsa de soja, el tomillo, la sal y la pimienta negra. Cocine hasta que las espinacas se ablanden. Deja que la mezcla se enfríe.
e) Estirar el hojaldre y esparcir la mezcla de champiñones sobre la masa.
f) Coloca la mezcla de champiñones en el centro de la masa, dejando espacio en los bordes.
g) Doblar la masa sobre el relleno, sellando los bordes. Puedes crear un patrón de celosía en la parte superior si lo deseas.
h) Cepille la masa con leche vegetal para darle un acabado dorado. Opcionalmente, espolvorea semillas de sésamo encima.
i) Coloque la Wellington envuelta en una bandeja para hornear y hornee durante 25-30 minutos o hasta que la masa esté dorada.
j) Deje que el Vegan Mushroom Wellington se enfríe durante unos minutos antes de cortarlo. Sirva con una guarnición de salsa vegana o su salsa favorita. ¡Disfruta de esta deliciosa versión a base de plantas!

16. Wellington vegano de champiñones y miso, calabaza y castañas

INGREDIENTES:
- 2 cucharadas de aceite de oliva
- 1 cebolla, finamente picada
- 3 dientes de ajo, picados
- 1 libra de champiñones mixtos (como shiitake, cremini y ostra), finamente picados
- 1 taza de calabaza, cortada en cubitos
- 1 taza de castañas, cocidas y picadas
- 2 cucharadas de pasta de miso
- 1 cucharada de salsa de soja
- 1 cucharadita de tomillo, seco
- Sal y pimienta negra al gusto
- Hojas de hojaldre
- 1 cucharada de leche vegetal (para el cepillado)
- Semillas de sésamo (opcional, para decorar)

INSTRUCCIONES:
a) Precalienta el horno a 400°F (200°C).
b) En una sartén calentar aceite de oliva y sofreír la cebolla y el ajo hasta que se ablanden.
c) Agrega los champiñones picados a la sartén y cocina hasta que la humedad se evapore.
d) Agregue la calabaza cortada en cubitos, las castañas, la pasta de miso, la salsa de soja, el tomillo, la sal y la pimienta negra. Cocine hasta que la calabaza esté tierna. Deja que la mezcla se enfríe.
e) Estirar el hojaldre y esparcir la mezcla de champiñones, calabaza y castañas sobre el hojaldre.
f) Coloca el relleno en el centro de la masa, dejando espacio en los bordes.
g) Doblar la masa sobre el relleno, sellando los bordes. Puedes crear un patrón de celosía en la parte superior si lo deseas.
h) Cepille la masa con leche vegetal para darle un acabado dorado. Opcionalmente, espolvorea semillas de sésamo encima.
i) Coloque la Wellington envuelta en una bandeja para hornear y hornee durante 25-30 minutos o hasta que la masa esté dorada.
j) Deje que el Wellington vegano de champiñones, calabaza y castañas se enfríe durante unos minutos antes de cortarlos.
k) Sirva con una guarnición de salsa vegana o su salsa favorita. ¡Disfruta de este Wellington sabroso y a base de plantas!

17. Coliflor Wellington

INGREDIENTES:
- 1 cabeza de coliflor grande
- 2 cucharadas de aceite de oliva
- 1 cebolla, finamente picada
- 3 dientes de ajo, picados
- 1 taza de champiñones, finamente picados
- 1 taza de pan rallado
- 1 taza de espinacas, picadas
- 1 cucharada de mostaza Dijon
- Hojas de hojaldre
- 1 cucharada de leche vegetal (para el cepillado)
- Semillas de sésamo (opcional, para decorar)

INSTRUCCIONES:
a) Precalienta el horno a 400°F (200°C).
b) Retire las hojas y el tallo de la coliflor, dejando la cabeza intacta.
c) Cocine al vapor toda la coliflor hasta que esté ligeramente tierna pero no demasiado.
d) En una sartén calentar aceite de oliva y sofreír la cebolla y el ajo hasta que se ablanden.
e) Agrega los champiñones picados a la sartén y cocina hasta que la humedad se evapore.
f) Incorpora el pan rallado y las espinacas hasta que la mezcla esté bien combinada . Déjalo enfriar.
g) Unte mostaza de Dijon sobre la coliflor al vapor.
h) Estirar el hojaldre y colocar la coliflor en el centro, cubriéndola con la mezcla de champiñones y espinacas.
i) Dobla la masa sobre la coliflor, sellando los bordes. Puedes crear un patrón de celosía en la parte superior si lo deseas.
j) Cepille la masa con leche vegetal para darle un acabado dorado. Opcionalmente, espolvorea semillas de sésamo encima.
k) Coloque la Wellington envuelta en una bandeja para hornear y hornee durante 25-30 minutos o hasta que la masa esté dorada.
l) Deje que la coliflor Wellington se enfríe durante unos minutos antes de cortarla. Sirva con una guarnición de salsa vegana o su salsa favorita. ¡Disfruta de este delicioso y abundante plato vegano!

18. Wellingtons de cordero con relleno de quinua y hierbas

INGREDIENTES:
- 4 chuletas de lomo de cordero
- Sal y pimienta negra al gusto
- 2 cucharadas de aceite de oliva
- 1 taza de quinua, cocida
- 1 cebolla, finamente picada
- 3 dientes de ajo, picados
- 1/2 taza de hierbas mixtas (como perejil, menta y tomillo), picadas
- Ralladura de un limón
- Hojas de hojaldre
- 1 huevo (para batir huevos)

INSTRUCCIONES:
a) Precalienta el horno a 400°F (200°C).
b) Sazone las chuletas de lomo de cordero con sal y pimienta negra.
c) En una sartén calentar aceite de oliva y dorar las chuletas de lomo de cordero hasta que se doren por todos lados. Dejar de lado.
d) En la misma sartén, saltee la cebolla y el ajo hasta que se ablanden.
e) En un tazón, combine la quinua cocida, las cebollas salteadas, el ajo, las hierbas mixtas y la ralladura de limón. Deja que la mezcla se enfríe.
f) Estirar el hojaldre y colocar una porción del relleno de quinoa y hierbas sobre cada chuleta de lomo de cordero.
g) Coloque cada chuleta de cordero sobre la masa, luego envuelva la masa alrededor del cordero, sellando los bordes.
h) Cepille la masa con huevo batido para obtener un acabado dorado.
i) Coloque las Wellingtons de cordero envueltas en una bandeja para hornear y hornee durante 20-25 minutos o hasta que la masa esté dorada.
j) Deje reposar los Wellingtons de cordero con relleno de quinua y hierbas durante unos minutos antes de servir. ¡Disfruta de estas sabrosas y elegantes botas de agua!

19. Wellingtons de ternera individuales

INGREDIENTES:
- 4 filetes de solomillo de res (6 oz cada uno)
- Sal y pimienta negra al gusto
- 2 cucharadas de aceite de oliva
- 1 libra de champiñones, finamente picados
- 2 dientes de ajo, picados
- 1/4 taza de vino blanco seco
- 2 cucharadas de mostaza Dijon
- 8 rebanadas de prosciutto
- Hojas de hojaldre
- 1 huevo (para batir huevos)

INSTRUCCIONES:

a) Precalienta el horno a 425°F (220°C).
b) Sazone los filetes de solomillo de ternera con sal y pimienta negra.
c) En una sartén caliente, dorar los filetes en aceite de oliva hasta que se doren por todos lados. Dejar de lado.
d) En la misma sartén, añade los champiñones picados y el ajo. Cocine hasta que los champiñones suelten su humedad.
e) Vierta el vino blanco y cocine hasta que el líquido se evapore. Retirar del fuego y dejar enfriar la mezcla.
f) Unte cada filete con mostaza de Dijon.
g) Coloque las rodajas de prosciutto sobre una hoja de plástico, superponiéndolas ligeramente.
h) Extiende una capa de la mezcla de champiñones sobre el prosciutto.
i) Coloque un filete de solomillo de res encima y enrolle la mezcla de prosciutto y champiñones alrededor del filete, formando paquetes individuales.
j) Extienda el hojaldre y envuelva cada paquete de carne, sellando los bordes.
k) Cepille la masa con huevo batido para obtener un acabado dorado.
l) Coloque los Wellingtons de ternera individuales en una bandeja para hornear y hornee durante 20-25 minutos o hasta que la masa esté dorada.
m) Deje reposar los Wellingtons de carne individuales durante unos minutos antes de servir.
n) Sirva con su salsa favorita, como reducción de vino tinto o salsa de champiñones.

20. Mini ternera y prosciutto Wellington

INGREDIENTES:
- 8 medallones de lomo de res (de aproximadamente 2 pulgadas de diámetro)
- Sal y pimienta negra al gusto
- 1 cucharada de aceite de oliva
- 1 taza de champiñones, finamente picados
- 1 diente de ajo, picado
- 2 cucharadas de vino tinto
- 2 cucharadas de mostaza Dijon
- 8 rebanadas de prosciutto
- Hojas de hojaldre
- 1 huevo (para batir huevos)

INSTRUCCIONES:
a) Precalienta el horno a 425°F (220°C).
b) Sazone los medallones de solomillo de ternera con sal y pimienta negra.
c) En una sartén calentar aceite de oliva y dorar los medallones hasta que se doren por todos lados. Dejar de lado.
d) En la misma sartén, añade los champiñones picados y el ajo. Cocine hasta que los champiñones suelten su humedad.
e) Vierta el vino tinto y cocine hasta que el líquido se evapore. Retirar del fuego y dejar enfriar la mezcla.
f) Unte cada medallón de res con mostaza de Dijon.
g) Coloque las rodajas de prosciutto sobre una hoja de plástico, superponiéndolas ligeramente.
h) Extiende una capa de la mezcla de champiñones sobre el prosciutto.
i) Coloque un medallón de carne encima y enrolle la mezcla de prosciutto y champiñones alrededor del medallón, formando mini paquetes.
j) Estirar el hojaldre y envolver cada mini Beef Wellington, sellando los bordes.
k) Cepille la masa con huevo batido para obtener un acabado dorado.
l) Coloque los mini Wellingtons de ternera en una bandeja para hornear y hornee durante 15-20 minutos o hasta que la masa esté dorada.
m) Deje reposar los Mini Beef Wellingtons durante unos minutos antes de servir. Sirva como un aperitivo elegante o un delicioso refrigerio para una fiesta.
n) ¡Disfruta de estas delicias del tamaño de un bocado!

21. Carne Molida Wellington

INGREDIENTES:
- 1 libra de carne molida
- Sal y pimienta negra al gusto
- 1 cucharada de aceite de oliva
- 1 cebolla, finamente picada
- 2 dientes de ajo, picados
- 1 taza de champiñones, finamente picados
- 2 cucharadas de salsa inglesa
- 2 cucharadas de mostaza Dijon
- 1/2 taza de pan rallado
- Hojas de hojaldre
- 1 huevo (para batir huevos)

INSTRUCCIONES:
a) Precalienta el horno a 400°F (200°C).
b) En una sartén calentar aceite de oliva y sofreír la cebolla y el ajo hasta que se ablanden.
c) Agregue la carne molida a la sartén y cocine hasta que se dore. Sazone con sal y pimienta negro.
d) Agregue los champiñones picados a la mezcla de carne y cocine hasta que los champiñones suelten su humedad.
e) Agregue la salsa inglesa, la mostaza de Dijon y el pan rallado. Deja que la mezcla se enfríe.
f) Extienda el hojaldre y extienda la mezcla de carne molida sobre la masa.
g) Doblar la masa sobre el relleno, sellando los bordes. Puedes crear un patrón de celosía en la parte superior si lo deseas.
h) Cepille la masa con huevo batido para obtener un acabado dorado.
i) Coloque la carne molida Wellington envuelta en una bandeja para hornear y hornee durante 25-30 minutos o hasta que la masa esté dorada.
j) Deje que la carne molida Wellington se enfríe durante unos minutos antes de cortarla. Sirva con su salsa o gravy favorito. ¡Disfruta de esta versión simplificada del clásico Wellington!

22. Wellington de ternera con mezcla de champiñones criollos

INGREDIENTES:
- 1,5 kilos de solomillo de ternera
- Sal y pimienta negra al gusto
- 2 cucharadas de aceite de oliva
- 1 taza de champiñones cremini , finamente picados
- 1 taza de hongos shiitake, finamente picados
- 1 taza de champiñones ostra, finamente picados
- 1 cebolla, finamente picada
- 2 dientes de ajo, picados
- 1 cucharadita de tomillo, seco
- 1 cucharadita de pimentón
- 1/2 cucharadita de pimienta de cayena (ajustar al gusto)
- 2 cucharadas de salsa inglesa
- Hojas de hojaldre
- mostaza de Dijon
- 1 huevo (para batir huevos)

INSTRUCCIONES:
a) Precalienta el horno a 425°F (220°C).
b) Sazona el lomo de ternera con sal y pimienta negra.
c) En una sartén caliente, dorar la carne en aceite de oliva hasta que se dore por todos lados. Dejar de lado.
d) En la misma sartén, saltee la cebolla y el ajo hasta que se ablanden.
e) Agregue cremini, shiitake y champiñones ostra a la sartén. Cocine hasta que los champiñones suelten su humedad.
f) Agregue el tomillo, el pimentón, la pimienta de cayena y la salsa inglesa. Cocine hasta que la mezcla esté bien combinada. Déjalo enfriar.
g) Extienda el hojaldre y unte la mostaza de Dijon sobre la carne.
h) Coloque la mezcla de champiñones sobre la carne, cubriéndola uniformemente.
i) Envolver la carne en el hojaldre, sellando los bordes. Puedes crear un patrón de celosía en la parte superior si lo deseas.
j) Cepille la masa con huevo batido para obtener un acabado dorado.
k) Coloque la carne Wellington envuelta en una bandeja para hornear y hornee durante 25-30 minutos o hasta que la masa esté dorada.
l) Deje reposar la carne Wellington con mezcla de champiñones criollos durante unos minutos antes de cortarla.

23. Carne Wellington Sous Vide

INGREDIENTES:
- 4 filetes de solomillo de res (6 oz cada uno)
- Sal y pimienta negra al gusto
- 2 cucharadas de aceite de oliva
- Para el Sous Vide:
- 1 cucharada de aceite de oliva
- Ramitas de tomillo fresco
- Dientes de ajo machacados
- 1 taza de champiñones cremini , finamente picados
- 1 taza de hongos shiitake, finamente picados
- 1 taza de champiñones ostra, finamente picados
- 1 cebolla, finamente picada
- 2 dientes de ajo, picados
- 1 cucharadita de tomillo, seco
- 1 cucharadita de pimentón
- 1/2 cucharadita de pimienta de cayena (ajustar al gusto)
- 2 cucharadas de salsa inglesa
- Hojas de hojaldre
- mostaza de Dijon
- 1 huevo (para batir huevos)

INSTRUCCIONES:
PREPARACIÓN AL SOUS VIDE:

a) Precaliente el baño sous vide hasta el punto de cocción deseado para el lomo de res (por ejemplo, 130 °F / 54 °C para medio cocido).

b) Sazone los filetes de solomillo de ternera con sal y pimienta negra. Colócalos en bolsas sous vide con aceite de oliva, tomillo fresco y dientes de ajo machacados .

c) Cocine la carne en el baño sous vide durante 1,5 a 4 horas, dependiendo de su punto de cocción preferido.

MEZCLA DE SETAS:

d) En una sartén calentar aceite de oliva y sofreír la cebolla y el ajo hasta que se ablanden.

e) Agregue cremini , shiitake y champiñones ostra a la sartén. Cocine hasta que los champiñones suelten su humedad.

f) Agregue el tomillo, el pimentón, la pimienta de cayena y la salsa inglesa. Cocine hasta que la mezcla esté bien combinada . Déjalo enfriar.

MONTAJE Y HORNEADO:
g) Precalienta el horno a 425°F (220°C).
h) Retire el lomo de res de las bolsas sous vide y séquelas.
i) Extienda el hojaldre y unte la mostaza de Dijon sobre la carne.
j) Coloque la mezcla de champiñones sobre la carne, cubriéndola uniformemente.
k) Envolver la carne en el hojaldre, sellando los bordes. Puedes crear un patrón de celosía en la parte superior si lo deseas.
l) Cepille la masa con huevo batido para obtener un acabado dorado.
m) Coloque la carne Wellington envuelta en una bandeja para hornear y hornee durante 25-30 minutos o hasta que la masa esté dorada.
n) Deje reposar el Sous Vide Beef Wellington durante unos minutos antes de cortarlo. Sirva con una guarnición de su salsa favorita o una reducción de vino tinto. ¡Disfruta de esta versión elevada del clásico Beef Wellington!

24. Pastel de carne Wellington

INGREDIENTES:
- 1,5 kg de lomo de ternera cortado en cubitos
- Sal y pimienta negra al gusto
- 2 cucharadas de aceite de oliva
- 1 cebolla, finamente picada
- 2 dientes de ajo, picados
- 1 taza de champiñones cremini, rebanados
- 1 taza de zanahorias, cortadas en cubitos
- 1 taza de guisantes congelados
- 1/4 taza de harina para todo uso
- 1 taza de caldo de res
- 1/2 taza de vino tinto
- 1 cucharadita de tomillo, seco
- 1 paquete de láminas de hojaldre
- mostaza de Dijon
- 1 huevo (para batir huevos)

INSTRUCCIONES:
a) Precalienta el horno a 400°F (200°C).
b) Sazone los cubos de carne con sal y pimienta negra.
c) En una sartén grande, caliente el aceite de oliva a fuego medio-alto. Dorar los cubos de carne hasta que se doren por todos lados. Retirar y reservar.
d) En la misma sartén, agrega la cebolla, el ajo, los champiñones y las zanahorias. Saltee hasta que las verduras se ablanden.
e) Espolvoree harina sobre las verduras y revuelva para cubrirlas. Cocine durante 1-2 minutos para eliminar el sabor crudo de la harina.
f) Vierta lentamente el caldo de res y el vino tinto, revolviendo constantemente para evitar grumos. Llevar a fuego lento y dejar que espese.
g) Vuelva a agregar la carne chamuscada a la sartén. Agregue los guisantes congelados y el tomillo seco. Cocine a fuego lento durante unos minutos hasta que la mezcla tenga una consistencia parecida a la de un guiso.

h) Extienda el hojaldre y córtelo en rodajas o cuadrados, según el tamaño de los platos para servir.
i) Coloque el relleno de carne en ollas individuales aptas para horno o en una fuente para horno.
j) Extienda una fina capa de mostaza de Dijon sobre la mezcla de carne.
k) Coloca los círculos o cuadrados de hojaldre encima del relleno, presionando los bordes para sellar.
l) Batir el huevo y pintarlo sobre el hojaldre para darle un acabado dorado.
m) Hornee en el horno precalentado durante 20-25 minutos o hasta que la masa esté dorada e inflada.
n) Deje que los pasteles de carne Wellington se enfríen durante unos minutos antes de servir. ¡Disfruta del reconfortante y sabroso pastel con un toque diferente!

25.Bocaditos de carne Wellington

INGREDIENTES:
- 1 libra de lomo de res, cortado en cubos pequeños
- Sal y pimienta negra al gusto
- 2 cucharadas de aceite de oliva
- 1 taza de champiñones cremini , finamente picados
- 1 cebolla, finamente picada
- 2 dientes de ajo, picados
- 1 cucharada de mostaza Dijon
- 1 paquete de láminas de hojaldre
- 1 huevo (para batir huevos)

INSTRUCCIONES:
a) Precalienta el horno a 400°F (200°C).
b) Sazone los cubos de carne con sal y pimienta negra.
c) En una sartén, calienta el aceite de oliva a fuego medio-alto. Dorar los cubos de carne hasta que se doren por todos lados. Retirar y reservar.
d) En la misma sartén, agrega la cebolla, el ajo y los champiñones. Saltee hasta que los champiñones suelten su humedad y la mezcla se vuelva fragante.
e) Unte una fina capa de mostaza de Dijon a cada lado de los cubos de carne chamuscados.
f) Estirar el hojaldre y cortarlo en pequeños cuadrados o círculos, según prefieras.
g) Coloque una cucharada de la mezcla de champiñones en el centro de cada cuadrado de masa.
h) Coloque un cubo de ternera rebozado en Dijon encima de la mezcla de champiñones.
i) Doble la masa sobre la carne y selle los bordes, creando botas de agua del tamaño de un bocado.
j) Batir el huevo y pintarlo sobre el hojaldre para darle un acabado dorado.
k) Coloque los bocados de carne Wellington en una bandeja para hornear y hornee durante 15 a 20 minutos o hasta que la masa esté dorada e inflada.
l) Deje que los bocados se enfríen durante unos minutos antes de servir. ¡Colóquelos en un plato y disfrute de estas delicias elegantes del tamaño de un bocado!

26. Carne Wellington del pobre

INGREDIENTES:
- 1,5 kg de carne asada, cortada
- Sal y pimienta negra al gusto
- 2 cucharadas de aceite de oliva
- 1 cebolla, finamente picada
- 2 dientes de ajo, picados
- 1 taza de champiñones, finamente picados
- 1 cucharada de salsa inglesa
- Hojas de hojaldre
- mostaza de Dijon
- 1 huevo (para batir huevos)

INSTRUCCIONES:
a) Precalienta el horno a 400°F (200°C).
b) Sazone el asado de ternera con sal y pimienta negra.
c) En una sartén grande apta para horno, caliente el aceite de oliva a fuego medio-alto. Dorar el lomo de res hasta que se dore por todos lados. Retirar y reservar.
d) En la misma sartén, agrega la cebolla, el ajo y los champiñones. Saltee hasta que los champiñones suelten su humedad y la mezcla se vuelva fragante.
e) Agregue la salsa inglesa y cocine durante 2 a 3 minutos más. Deja que la mezcla se enfríe.
f) Extienda el hojaldre y extienda una capa de mostaza de Dijon sobre el asado de ternera.
g) Coloque la mezcla de champiñones encima de la carne.
h) Envuelve la mezcla de carne y champiñones con el hojaldre, sellando los bordes. Puedes crear un patrón de celosía en la parte superior si lo deseas.
i) Batir el huevo y pintarlo sobre el hojaldre para darle un acabado dorado.
j) Coloca la sartén en el horno precalentado y hornea durante 40-50 minutos o hasta que la masa esté dorada y la carne esté cocida a tu gusto.
k) Deje reposar el Poor Man's Beef Wellington durante unos minutos antes de cortarlo.
l) Sirva rebanadas de esta versión económica de Beef Wellington con sus acompañamientos favoritos. ¡Es una versión deliciosa y más económica del plato clásico!

27. Albóndiga Wellington

INGREDIENTES:
PARA LAS ALBÓNDIGAS:
- 1 libra de carne molida
- 1/2 taza de pan rallado
- 1/4 taza de queso parmesano rallado
- 1/4 taza de leche
- 1 huevo
- 2 dientes de ajo, picados
- 1 cucharadita de orégano seco
- Sal y pimienta negra al gusto

PARA LOS DUXELLES DE SETAS:
- 2 tazas de champiñones, finamente picados
- 2 cucharadas de mantequilla
- 2 dientes de ajo, picados
- Sal y pimienta negra al gusto
- 2 cucharadas de perejil fresco picado

PARA MONTAJE:
- Hojas de hojaldre
- mostaza de Dijon
- 1 huevo (para batir huevos)

INSTRUCCIONES:
PARA LAS ALBÓNDIGAS:
a) Precalienta el horno a 400°F (200°C).
b) En un tazón, combine la carne molida, el pan rallado, el queso parmesano, la leche, el huevo, el ajo picado, el orégano seco, la sal y la pimienta negra. Mezclar bien.
c) Forma albóndigas con la mezcla y colócalas en una bandeja para hornear.
d) Hornee en el horno precalentado durante 15-20 minutos o hasta que las albóndigas estén bien cocidas.

PARA LOS DUXELLES DE SETAS:
e) En una sartén, derrita la mantequilla a fuego medio. Agrega los champiñones picados y el ajo picado.
f) Cocine los champiñones hasta que suelten su humedad y se doren.

g) Sazone con sal y pimienta negra y agregue el perejil fresco picado. Dejar enfriar.

PARA MONTAJE:
h) Estirar el hojaldre y cortarlo en cuadritos, uno por cada albóndiga.
i) Unte una fina capa de mostaza de Dijon en cada cuadrado.
j) Coloque una cucharada de champiñones duxelles en el centro de cada cuadrado.
k) Pon una albóndiga horneada encima de la mezcla de champiñones.
l) Doblar el hojaldre sobre la albóndiga sellando los bordes. Puedes crear un patrón de celosía en la parte superior si lo deseas.
m) Batir el huevo y pintarlo sobre el hojaldre para darle un acabado dorado.
n) Coloque las albóndigas en una bandeja para hornear y hornee durante 20-25 minutos o hasta que la masa esté dorada.

28. Freidora de aire con carne molida Wellington

INGREDIENTES:
- 1 libra de carne molida
- Sal y pimienta negra al gusto
- 1 cucharada de aceite de oliva
- 1 cebolla, finamente picada
- 2 dientes de ajo, picados
- 1 taza de champiñones, finamente picados
- 1 cucharada de salsa inglesa
- Hojas de hojaldre
- mostaza de Dijon
- 1 huevo (para batir huevos)

INSTRUCCIONES:
a) Precaliente su freidora a 375 °F (190 °C).
b) En una sartén, calienta el aceite de oliva a fuego medio-alto. Agrega la cebolla, el ajo y los champiñones. Saltee hasta que los champiñones suelten su humedad y la mezcla se vuelva fragante.
c) Agregue la carne molida a la sartén y cocine hasta que se dore. Sazone con sal y pimienta negro.
d) Agregue la salsa inglesa y cocine durante 2 a 3 minutos más. Deja que la mezcla se enfríe.
e) Extienda el hojaldre y extienda una capa de mostaza Dijon sobre la mezcla de carne molida.
f) Coloque la mezcla de carne molida enfriada encima del hojaldre.
g) Envuelve la mezcla de carne molida con el hojaldre, sellando los bordes. Puedes crear un patrón de celosía en la parte superior si lo deseas.
h) Batir el huevo y pintarlo sobre el hojaldre para darle un acabado dorado.
i) Coloque la carne molida Wellington envuelta en la canasta de la freidora.
j) Freír al aire durante 15-20 minutos o hasta que el hojaldre esté dorado.
k) Deje que la carne molida Wellington se enfríe durante unos minutos antes de cortarla.

29.Dorada Wellington con coliflor, pepino y rábano

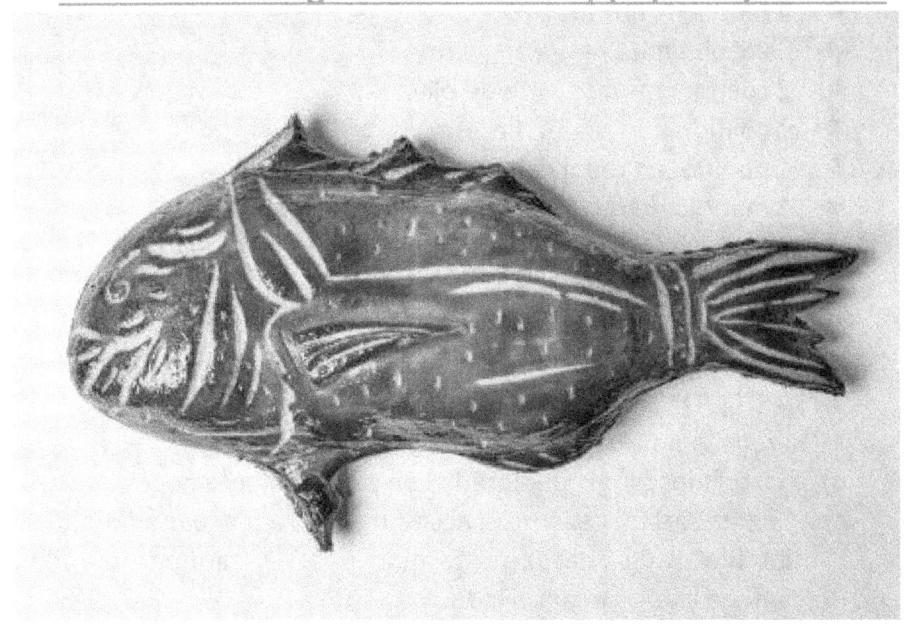

INGREDIENTES:
- 4 filetes de dorada
- Sal y pimienta negra al gusto
- 2 cucharadas de aceite de oliva
- 1 coliflor, cortada en floretes
- 1 pepino, en rodajas finas
- 1 manojo de rábanos, en rodajas finas
- 2 cucharadas de mostaza Dijon
- Hojas de hojaldre
- 1 huevo (para batir huevos)

INSTRUCCIONES:
a) Precalienta el horno a 400°F (200°C).
b) Sazone los filetes de dorada con sal y pimienta negra.
c) En una sartén, calienta el aceite de oliva a fuego medio-alto. Dorar los filetes de dorada hasta que estén ligeramente dorados por ambos lados. Dejar de lado.
d) En la misma sartén, añade los floretes de coliflor y cocina hasta que empiecen a ablandarse. Dejar enfriar.
e) Estirar el hojaldre y untar cada filete de dorada con mostaza de Dijon.
f) Colocar una capa de filete de dorada braseada sobre cada hoja de masa, dejando espacio en los bordes.
g) Coloque los floretes de coliflor, las rodajas de pepino y las rodajas de rábano sobre los filetes de dorada.
h) Doblar el hojaldre sobre el relleno de pescado y verduras sellando los bordes. Puedes crear un patrón de celosía en la parte superior si lo deseas.
i) Batir el huevo y pintarlo sobre el hojaldre para darle un acabado dorado.
j) Coloque las Wellingtons de dorada en una bandeja para hornear y hornee durante 20-25 minutos o hasta que la masa esté dorada.
k) Deje reposar la dorada Wellington con coliflor, pepino y rábano durante unos minutos antes de servir. Sirva con una guarnición de su salsa favorita o un aderezo ligero con hierbas. ¡Disfruta de este plato elegante y sabroso!

30. Carne Wellington estilo Texas

INGREDIENTES:
- 2 libras de lomo de res
- Sal y pimienta negra al gusto
- 2 cucharadas de aceite de oliva
- 1 taza de cebollas caramelizadas
- 1 taza de pechuga cocida y picada (sobrante o comprada en la tienda)
- 1/4 taza de salsa barbacoa
- Hojas de hojaldre
- mostaza de Dijon
- 1 huevo (para batir huevos)

INSTRUCCIONES:
a) Precalienta el horno a 400°F (200°C).
b) Sazona el lomo de ternera con sal y pimienta negra.
c) En una sartén, calienta el aceite de oliva a fuego medio-alto. Dorar el lomo de res hasta que se dore por todos lados. Dejar de lado.
d) En la misma sartén, mezcle las cebollas caramelizadas, la pechuga picada y la salsa barbacoa. Cocine por unos minutos hasta que los sabores se fundan. Deja que la mezcla se enfríe.
e) Estirar el hojaldre y untar mostaza de Dijon sobre el lomo de ternera.
f) Coloque una capa de la mezcla de pechuga y cebolla caramelizada sobre la carne cubierta de mostaza.
g) Envuelve la mezcla de carne y pechuga con el hojaldre, sellando los bordes. Puedes crear un patrón de celosía en la parte superior si lo deseas.
h) Batir el huevo y pintarlo sobre el hojaldre para darle un acabado dorado.
i) Coloque la carne Wellington estilo Texas envuelta en una bandeja para hornear y hornee durante 25-30 minutos o hasta que la masa esté dorada.
j) Deje reposar la carne Wellington estilo Texas durante unos minutos antes de cortarla. Sirva con salsa barbacoa adicional a un lado. ¡Disfruta de este toque texano del clásico Beef Wellington con los ricos sabores de cebollas caramelizadas y pechuga!

31. Verduras Wellington

INGREDIENTES:
- 1 berenjena grande, cortada en rodajas finas
- 2 calabacines, cortados en tiras finas
- 1 pimiento rojo, en rodajas finas
- 1 pimiento amarillo, en rodajas finas
- 1 taza de tomates cherry, cortados por la mitad
- 2 tazas de espinacas, picadas
- 1 taza de queso feta, desmenuzado
- 2 cucharadas de aceite de oliva
- 2 dientes de ajo, picados
- Sal y pimienta negra al gusto
- Hojas de hojaldre
- mostaza de Dijon
- 1 huevo (para batir huevos)

INSTRUCCIONES:
a) Precalienta el horno a 400°F (200°C).
b) En una sartén, calienta el aceite de oliva a fuego medio. Agregue el ajo picado y saltee hasta que esté fragante.
c) Agregue las berenjenas, el calabacín y los pimientos morrones en rodajas a la sartén. Cocine hasta que las verduras se ablanden . Sazone con sal y pimienta negro.
d) Agregue las espinacas picadas y los tomates cherry. Cocine hasta que las espinacas se ablanden y los tomates se ablanden. Deja que la mezcla se enfríe.
e) Estirar el hojaldre y esparcir mostaza de Dijon por encima.
f) Coloque la mezcla de verduras cocidas sobre la masa cubierta de mostaza.
g) Espolvoree queso feta desmenuzado sobre las verduras.
h) Doblar el hojaldre sobre el relleno de verduras y queso sellando los bordes. Puedes crear un patrón de celosía en la parte superior si lo deseas.
i) Batir el huevo y pintarlo sobre el hojaldre para darle un acabado dorado.

j) Coloque las Verduras Wellington envueltas en una bandeja para hornear y hornee durante 25-30 minutos o hasta que la masa esté dorada.
k) Deje que las verduras Wellington se enfríen durante unos minutos antes de cortarlas.

32. Jackalope Wellington

INGREDIENTES:
- 2 libras de carne de venado o conejo, finamente machacada
- Sal y pimienta negra al gusto
- 2 cucharadas de aceite de oliva
- 1 taza de champiñones silvestres (como colmenillas o rebozuelos), finamente picados
- 1 cebolla, finamente picada
- 2 dientes de ajo, picados
- 1/4 taza de vino tinto
- Hojas de hojaldre
- mostaza de Dijon
- 1 huevo (para batir huevos)

INSTRUCCIONES:
a) Precalienta el horno a 400°F (200°C).
b) Sazone la carne machacada de venado o conejo con sal y pimienta negra.
c) En una sartén, calienta el aceite de oliva a fuego medio-alto. Saltee las cebollas y el ajo hasta que se ablanden.
d) Añade las setas silvestres picadas a la sartén y cocina hasta que suelten su humedad.
e) Vierta el vino tinto y cocine hasta que el líquido se evapore. Deja que la mezcla se enfríe.
f) Estirar el hojaldre y untar la carne con mostaza de Dijon.
g) Coloque una capa de la mezcla de champiñones sobre la carne cubierta de mostaza.
h) Envolver la mezcla de carne y champiñones con el hojaldre sellando los bordes. Puedes crear un patrón de celosía en la parte superior si lo deseas.
i) Batir el huevo y pintarlo sobre el hojaldre para darle un acabado dorado.
j) Coloque el Jackalope Wellington envuelto en una bandeja para hornear y hornee durante 25-30 minutos o hasta que la masa esté dorada.
k) Deje que el Jackalope Wellington repose unos minutos antes de cortarlo. Sirva con una guarnición de salsa de frutos del bosque o sus acompañamientos favoritos. ¡Disfruta de este plato imaginativo y sabroso!

33. Wellington de ternera italiana

INGREDIENTES:
- 2 libras de lomo de res
- Sal y pimienta negra al gusto
- 2 cucharadas de aceite de oliva
- 1 taza de prosciutto, en rodajas finas
- 1 taza de champiñones, finamente picados
- 1 taza de espinacas, picadas
- 1 taza de queso ricota
- 2 dientes de ajo, picados
- 1 cucharadita de orégano seco
- Hojas de hojaldre
- 1 huevo (para batir huevos)

INSTRUCCIONES:
a) Precalienta el horno a 400°F (200°C).
b) Sazona el lomo de ternera con sal y pimienta negra.
c) En una sartén, calienta el aceite de oliva a fuego medio-alto. Dorar el lomo de res hasta que se dore por todos lados. Dejar de lado.
d) En la misma sartén, agregue el prosciutto y cocine hasta que esté ligeramente crujiente. Retirar de la sartén y reservar.
e) En la misma sartén, agrega los champiñones y el ajo. Cocine hasta que los champiñones suelten su humedad.
f) Agregue las espinacas picadas y cocine hasta que se ablanden. Retirar del fuego y dejar enfriar la mezcla.
g) Estirar el hojaldre y extender una capa de queso ricotta sobre el lomo de ternera.
h) Coloque una capa de prosciutto encima de la ricota.
i) Unte la mezcla de champiñones y espinacas sobre el prosciutto.
j) Dobla el hojaldre sobre las capas de carne y el relleno, sellando los bordes. Puedes crear un patrón de celosía en la parte superior si lo deseas.
k) Batir el huevo y pintarlo sobre el hojaldre para darle un acabado dorado.
l) Coloque la carne Wellington italiana envuelta en una bandeja para hornear y hornee durante 25-30 minutos o hasta que la masa esté dorada.
m) Deje reposar la carne italiana Wellington durante unos minutos antes de cortarla. Sirva con una guarnición de salsa marinara o reducción de balsámico.
n) ¡Disfruta de esta versión de inspiración italiana del clásico Wellington!

34.Lentejas Vegetarianas Wellington

INGREDIENTES:
PARA EL RELLENO DE LENTEJAS:
- 1 taza de lentejas verdes o marrones secas, cocidas
- 1 cebolla, finamente picada
- 2 dientes de ajo, picados
- 1 zanahoria rallada
- 1 tallo de apio, finamente picado
- 1 taza de champiñones, finamente picados
- 1 cucharadita de tomillo seco
- 1 cucharadita de romero seco
- Sal y pimienta negra al gusto
- 2 cucharadas de pasta de tomate
- 1/2 taza de caldo de verduras
- 1 taza de espinacas frescas, picadas

PARA EL WELLINGTON:
- Hojas de hojaldre
- mostaza de Dijon
- 1 huevo (para batir huevos)

INSTRUCCIONES:
PARA EL RELLENO DE LENTEJAS:

a) En una sartén, sofreír la cebolla y el ajo en aceite de oliva hasta que se ablanden.

b) Agrega la zanahoria rallada, el apio picado y los champiñones. Cocine hasta que las verduras estén tiernas.

c) Agregue las lentejas cocidas, el tomillo, el romero, la sal y la pimienta negra.

d) Agrega la pasta de tomate y el caldo de verduras. Cocine a fuego lento hasta que la mezcla espese.

e) Agregue las espinacas frescas picadas y cocine hasta que se ablanden. Deja que la mezcla se enfríe.

PARA EL WELLINGTON:

f) Precalienta el horno a 400°F (200°C).

g) Estirar el hojaldre y extender encima una fina capa de mostaza de Dijon.

h) Coloque la mezcla de lentejas y verduras en el centro de la masa.

i) Doblar el hojaldre sobre el relleno de lentejas sellando los bordes. Puedes crear un patrón de celosía en la parte superior si lo deseas.
j) Batir el huevo y pintarlo sobre el hojaldre para darle un acabado dorado.
k) Coloque las Veggie Lentil Wellington en una bandeja para hornear y hornee durante 25-30 minutos o hasta que la masa esté dorada.
l) Deje reposar las Veggie Lentil Wellington durante unos minutos antes de cortarlas. Sirva con una guarnición de su salsa o salsa vegetariana favorita. ¡Disfruta de este abundante y sabroso Wellington vegetariano!

35. Portobello, Pecan y Chestnut Wellington

INGREDIENTES:
PARA EL LLENADO:
- 4 champiñones Portobello grandes, sin tallos
- 1 taza de nueces, tostadas y picadas
- 1 taza de castañas, asadas y peladas
- 2 cucharadas de aceite de oliva
- 1 cebolla, finamente picada
- 3 dientes de ajo, picados
- 1 cucharadita de hojas frescas de tomillo
- Sal y pimienta negra al gusto
- 1 taza de espinacas frescas, picadas
- 1/2 taza de pan rallado
- 1/2 taza de caldo de verduras

PARA EL WELLINGTON:
- Hojas de hojaldre
- mostaza de Dijon
- 1 huevo (para batir huevos)

INSTRUCCIONES:
PARA EL LLENADO:
a) Precalienta el horno a 400°F (200°C).
b) Coloque los champiñones Portobello en una bandeja para hornear. Rocíe con aceite de oliva, sazone con sal y pimienta y ase durante unos 15-20 minutos hasta que estén tiernos. Déjalos enfriar.
c) En una sartén, sofreír la cebolla y el ajo en aceite de oliva hasta que se ablanden.
d) Agregue castañas picadas, nueces tostadas y tomillo fresco a la sartén. Cocine por unos minutos hasta que esté fragante.
e) Agregue las espinacas frescas y cocine hasta que se ablanden.
f) Agregue pan rallado y caldo de verduras a la sartén, creando un relleno húmedo. Condimentar con sal y pimienta.
g) Retire las branquias de los champiñones Portobello enfriados y colóquelas sobre una hoja de plástico, superponiéndolas ligeramente.

h) Extienda la mezcla de nueces, castañas y espinacas sobre los champiñones.
i) Enrolle los champiñones y el relleno hasta darles forma de tronco utilizando el film transparente. Enfriar en el frigorífico durante unos 30 minutos.

PARA EL WELLINGTON:
j) Precalienta el horno a 400°F (200°C).
k) Estirar el hojaldre y extender encima una fina capa de mostaza de Dijon.
l) Desenvuelva los champiñones fríos y el tronco de relleno y colóquelos en el centro de la masa.
m) Doblar el hojaldre sobre el tronco, sellando los bordes. Puedes crear un patrón de celosía en la parte superior si lo deseas.
n) Batir el huevo y pintarlo sobre el hojaldre para darle un acabado dorado.
o) Coloque el champiñón Portobello asado, la nuez y la castaña Wellington en una bandeja para hornear y hornee durante 25-30 minutos o hasta que la masa esté dorada.
p) Deje reposar el Wellington durante unos minutos antes de cortarlo. Sirva con una guarnición de su salsa o salsa de champiñones favorita. ¡Disfruta de este elegante y sabroso Wellington vegetariano!

36. Cerdo Wellington

INGREDIENTES:
PARA EL CERDO:
- 2 libras de lomo de cerdo
- Sal y pimienta negra al gusto
- 2 cucharadas de aceite de oliva
- mostaza de Dijon

PARA LOS DUXELLES DE SETAS:
- 2 tazas de champiñones, finamente picados
- 2 cucharadas de mantequilla
- 2 dientes de ajo, picados
- Sal y pimienta negra al gusto
- 2 cucharadas de perejil fresco, picado

PARA MONTAJE:
- Hojas de hojaldre
- Rebanadas de prosciutto
- 1 huevo (para batir huevos)

INSTRUCCIONES:
PARA EL CERDO:
a) Precalienta el horno a 400°F (200°C).
b) Sazone el lomo de cerdo con sal y pimienta negra.
c) En una sartén, calienta el aceite de oliva a fuego medio-alto. Dorar el lomo de cerdo hasta que se dore por todos lados. Dejar enfriar.
d) Una vez enfriado, unte la carne de cerdo con mostaza de Dijon.

PARA LOS DUXELLES DE SETAS:
e) En la misma sartén, derrita la mantequilla a fuego medio. Agregue el ajo picado y saltee hasta que esté fragante.
f) Agrega los champiñones picados a la sartén y cocina hasta que suelten su humedad.
g) Sazone con sal y pimienta negro. Agregue el perejil fresco y cocine hasta que la mezcla esté bien combinada . Déjalo enfriar.

PARA MONTAJE:
h) Extienda el hojaldre y coloque capas de rodajas de prosciutto encima, superponiéndolas ligeramente.
i) Extienda una fina capa de duxelles de champiñones sobre el prosciutto.

j) Coloque el lomo de cerdo untado en Dijon encima de la mezcla de champiñones.
k) Enrollar el hojaldre sobre el cerdo y sellar los bordes. Puedes crear un patrón de celosía en la parte superior si lo deseas.
l) Batir el huevo y pintarlo sobre el hojaldre para darle un acabado dorado.
m) Coloque el cerdo Wellington en una bandeja para hornear y hornee durante 25-30 minutos o hasta que la masa esté dorada.
n) Deje reposar el cerdo Wellington durante unos minutos antes de cortarlo. Sirva con una guarnición de su salsa o gravy favorito. ¡Disfruta de esta versión deliciosa y elegante del clásico Wellington!

37. Wellington de ternera a la parrilla

INGREDIENTES:
PARA LA CARNE:
- 2 libras de lomo de res
- Sal y pimienta negra al gusto
- 2 cucharadas de aceite de oliva
- mostaza de Dijon

PARA LOS DUXELLES DE SETAS:
- 2 tazas de champiñones, finamente picados
- 2 cucharadas de mantequilla
- 2 dientes de ajo, picados
- Sal y pimienta negra al gusto
- 2 cucharadas de perejil fresco, picado

PARA MONTAJE:
- Hojas de hojaldre
- Rebanadas de prosciutto
- 1 huevo (para batir huevos)

INSTRUCCIONES:
PARA LA CARNE:
a) Precalienta la parrilla a fuego medio-alto.
b) Sazona el lomo de ternera con sal y pimienta negra.
c) Dorar la carne en la parrilla caliente durante un par de minutos por cada lado para que se dore bien. Este paso es fundamental para sellar los jugos.
d) Deje que la carne asada se enfríe y luego unte con mostaza de Dijon.

PARA LOS DUXELLES DE SETAS:
e) En una sartén, derrita la mantequilla a fuego medio. Agregue el ajo picado y saltee hasta que esté fragante.
f) Agrega los champiñones picados a la sartén y cocina hasta que suelten su humedad.
g) Sazone con sal y pimienta negro. Agregue el perejil fresco y cocine hasta que la mezcla esté bien combinada . Déjalo enfriar.

PARA MONTAJE:
h) Extienda el hojaldre sobre una superficie limpia.

i) Coloque capas de rodajas de prosciutto encima del hojaldre, superponiéndolas ligeramente.
j) Extienda una fina capa de duxelles de champiñones sobre el prosciutto.
k) Coloque el lomo de ternera a la parrilla untado con Dijon encima de la mezcla de champiñones.
l) Enrollar el hojaldre sobre la carne y sellar los bordes. Puedes crear un patrón de celosía en la parte superior si lo deseas.
m) Batir el huevo y pintarlo sobre el hojaldre para darle un acabado dorado.
n) Transfiera con cuidado el Wellington envuelto a la parrilla. Utilice calor indirecto para evitar quemar el fondo de la masa.
o) Ase la carne Wellington durante unos 20-25 minutos o hasta que la masa esté dorada y la temperatura interna de la carne alcance el nivel deseado de cocción.
p) Deje reposar la carne Wellington a la parrilla durante unos minutos antes de cortarla. Sirva con una guarnición de su salsa o gravy favorito. ¡Disfruta del sabor ahumado de la parrilla!

38.Pavo Wellington con higos y salvia

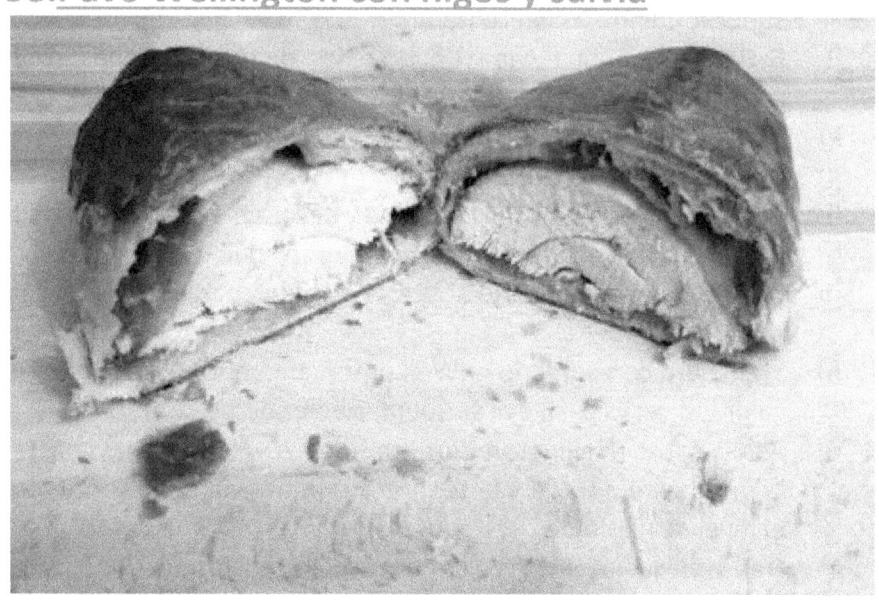

INGREDIENTES:
PARA TURQUÍA:
- 2 libras de pechuga de pavo, deshuesada y sin piel
- Sal y pimienta negra al gusto
- 2 cucharadas de aceite de oliva
- mostaza de Dijon

PARA EL RELLENO DE HIGO Y SALVIA:
- 1 taza de higos secos, picados
- 1 taza de pan rallado
- 1/2 taza de nueces, picadas
- 1/4 taza de hojas de salvia frescas, picadas
- 1 cebolla, finamente picada
- 2 dientes de ajo, picados
- 2 cucharadas de mantequilla
- Sal y pimienta negra al gusto
- 1/2 taza de caldo de pollo o pavo

PARA MONTAJE:
- Hojas de hojaldre
- Rebanadas de prosciutto
- 1 huevo (para batir huevos)

INSTRUCCIONES:
PARA TURQUÍA:
a) Precalienta el horno a 400°F (200°C).
b) Sazone la pechuga de pavo con sal y pimienta negra.
c) En una sartén, calienta el aceite de oliva a fuego medio-alto. Dorar la pechuga de pavo hasta que se dore por todos lados. Dejar enfriar.
d) Una vez enfriado, unte el pavo con mostaza de Dijon.

PARA EL RELLENO DE HIGO Y SALVIA:
e) En la misma sartén, derrita la mantequilla a fuego medio. Agrega la cebolla y el ajo picados. Saltee hasta que se ablanden.
f) Agregue higos picados, pan rallado, nueces y salvia fresca a la sartén. Cocine por unos minutos hasta que la mezcla esté bien combinada .

g) Sazone con sal y pimienta negro. Vierta el caldo de pollo o pavo para humedecer el relleno. Déjalo enfriar.

PARA MONTAJE:
h) Extienda el hojaldre sobre una superficie limpia.
i) Coloque capas de rodajas de prosciutto encima del hojaldre, superponiéndolas ligeramente.
j) Extienda una fina capa del relleno de higos y salvia sobre el prosciutto.
k) Coloque la pechuga de pavo untada con Dijon encima del relleno.
l) Enrolla el hojaldre sobre el pavo y sella los bordes. Puedes crear un patrón de celosía en la parte superior si lo deseas.
m) Batir el huevo y pintarlo sobre el hojaldre para darle un acabado dorado.
n) Coloque el pavo Wellington con higos y salvia envuelto en una bandeja para hornear y hornee durante 30-35 minutos o hasta que la masa esté dorada.
o) Deje reposar el pavo Wellington con higos y salvia durante unos minutos antes de cortarlo. Sirva con una guarnición de salsa de arándanos o salsa de pavo. ¡Disfruta de este Wellington festivo y sabroso!

39. Wellington de ternera y queso azul

INGREDIENTES:
PARA LA CARNE:
- 2 libras de lomo de res
- Sal y pimienta negra al gusto
- 2 cucharadas de aceite de oliva
- mostaza de Dijon

PARA LOS DUXELLES DE QUESO AZUL Y SETAS:
- 2 tazas de champiñones, finamente picados
- 2 cucharadas de mantequilla
- 2 dientes de ajo, picados
- Sal y pimienta negra al gusto
- 1/2 taza de queso azul, desmoronado
- 2 cucharadas de hojas frescas de tomillo

PARA MONTAJE:
- Hojas de hojaldre
- Rebanadas de prosciutto
- 1 huevo (para batir huevos)

INSTRUCCIONES:
PARA LA CARNE:
a) Precalienta el horno a 400°F (200°C).
b) Sazona el lomo de ternera con sal y pimienta negra.
c) En una sartén, calienta el aceite de oliva a fuego medio-alto. Dorar el lomo de res hasta que se dore por todos lados. Dejar enfriar.
d) Una vez enfriada, unte la carne con mostaza de Dijon.

PARA LOS DUXELLES DE QUESO AZUL Y SETAS:
e) En la misma sartén, derrita la mantequilla a fuego medio. Agregue el ajo picado y saltee hasta que esté fragante.
f) Agrega los champiñones picados a la sartén y cocina hasta que suelten su humedad.
g) Sazone con sal y pimienta negro. Agregue el queso azul desmenuzado y el tomillo fresco. Cocine hasta que la mezcla esté bien combinada . Déjalo enfriar.

PARA MONTAJE:
h) Extienda el hojaldre sobre una superficie limpia.

i) Coloque capas de rodajas de prosciutto encima del hojaldre, superponiéndolas ligeramente.
j) duxelles de queso azul y champiñones sobre el prosciutto.
k) Coloque el solomillo de ternera cepillado en Dijon encima de las duxelles.
l) Enrollar el hojaldre sobre la carne y las duxelles, sellando los bordes. Puedes crear un patrón de celosía en la parte superior si lo deseas.
m) Batir el huevo y pintarlo sobre el hojaldre para darle un acabado dorado.
n) Coloque el queso azul y la carne Wellington envueltos en una bandeja para hornear y hornee durante 25-30 minutos o hasta que la masa esté dorada.

40.Solomillo de cerdo con hojaldre al horno

INGREDIENTES:
- 1 hoja de hojaldre
- 1 filete de cerdo
- 6 rebanadas de tocino
- 6 rebanadas de queso
- 1 huevo batido

INSTRUCCIONES:
a) Precalienta el horno a 220°C.
b) Sazone el filete con pimienta y dórelo en una sartén.
c) Reserva y deja enfriar.
d) Estirar la lámina de hojaldre.
e) En la parte central colocamos las lonchas de queso y luego las lonchas de tocino de forma que luego envuelvan el solomillo.
f) Una vez que el lomo esté frío , colócalo sobre el tocino.
g) Por último, cerrar el hojaldre.
h) Untar el solomillo de cerdo envuelto en hojaldre con el huevo batido y meter al horno unos 30 minutos.

EN CROÛTE

41. Salmón Belga En Hojaldre

INGREDIENTES:
- 2 láminas de hojaldre, descongeladas si están congeladas
- 2 filetes de salmón, sin piel
- 1 taza de hojas de espinacas frescas
- 4 onzas de queso crema, ablandado
- 2 cucharadas de eneldo fresco picado
- 1 cucharada de mostaza Dijon
- Sal y pimienta para probar
- 1 huevo batido (para batir el huevo)

INSTRUCCIONES:

a) Precalienta tu horno a 400°F (200°C). Cubra una bandeja para hornear con papel pergamino.

b) Extienda cada hoja de hojaldre sobre una superficie ligeramente enharinada hasta que sea lo suficientemente grande como para envolver un filete de salmón.

c) En un tazón, combine el queso crema ablandado, el eneldo fresco picado, la mostaza de Dijon, la sal y la pimienta. Mezclar bien para combinar.

d) Coloque un filete de salmón en cada hoja de hojaldre extendida. Sazone el salmón con sal y pimienta.

e) Extienda una capa de hojas de espinacas frescas encima de cada filete de salmón.

f) Vierta la mezcla de queso crema de manera uniforme sobre la capa de espinacas, cubriendo los filetes de salmón.

g) Dobla con cuidado el hojaldre sobre el salmón y el relleno, sellando los bordes presionándolos. Recorta el exceso de masa si es necesario.

h) Transfiera los paquetes de salmón envueltos a la bandeja para hornear preparada, con la costura hacia abajo.

i) Cepille la parte superior de cada paquete de hojaldre con el huevo batido para crear una corteza dorada y brillante.

j) Con un cuchillo afilado, haga algunos cortes en la parte superior de cada masa para permitir que escape el vapor durante el horneado.

k) Hornee en el horno precalentado durante unos 20-25 minutos, o hasta que el hojaldre esté dorado y el salmón bien cocido.

l) Saca el Salmón Belga en Hojaldre del horno y déjalo reposar unos minutos antes de servir.

m) Cortar el salmón en croûte en porciones gruesas y sírvelo caliente. Combina bien con una guarnición de verduras al vapor o una ensalada fresca.

42.Seitán en croute

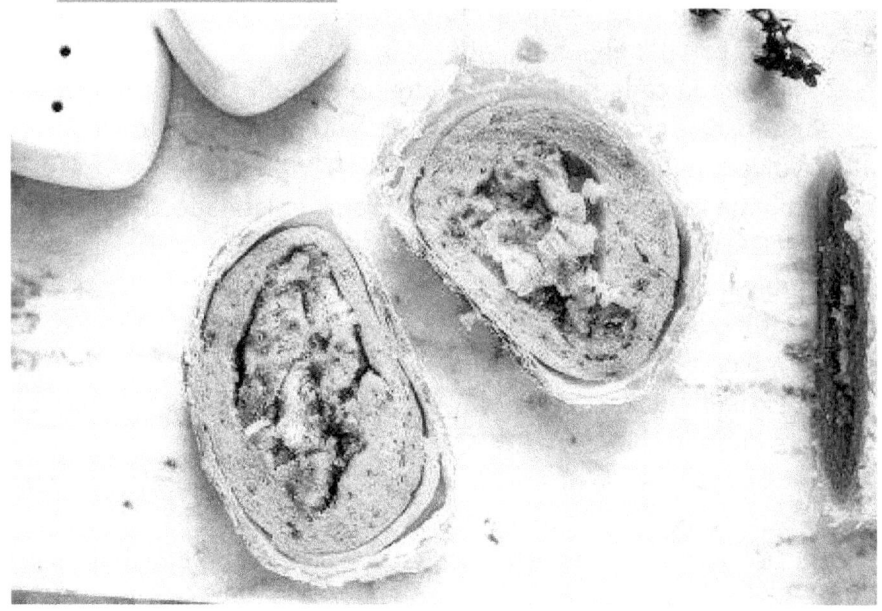

INGREDIENTES:
- 1 cucharada de aceite de oliva
- 2 chalotes medianos, picados
- onzas de champiñones blancos, picados
- $1/4$ taza de Madeira
- 1 cucharada de perejil fresco picado
- $1/2$ cucharadita de tomillo seco
- $1/2$ cucharadita de ajedrea seca
- 2 tazas de cubitos de pan seco finamente picados
- Sal y pimienta negra recién molida
- 1 hoja de hojaldre congelada, descongelada
- ($1/4$ pulgadas de grosor) en rodajas de seitán de aproximadamente óvalos o rectángulos de 3 X 4 pulgadas, secas

INSTRUCCIONES:

a) En una sartén grande, calienta el aceite a fuego medio.

b) Agregue las chalotas y cocine hasta que se ablanden, aproximadamente 3 minutos. Agregue los champiñones y cocine, revolviendo ocasionalmente, hasta que se ablanden, aproximadamente 5 minutos.

c) Agregue la Madiera, el perejil, el tomillo y la ajedrea y cocine hasta que el líquido esté casi evaporado. Agrega los cubos de pan y sazona con sal y pimienta al gusto. Dejar enfriar.

d) Coloque la hoja de hojaldre sobre un trozo grande de film transparente sobre una superficie de trabajo plana. Cubra con otro trozo de plástico y use un rodillo para extender un poco la masa y alisarla. Cortar la masa en cuartos.

e) Coloca 1 rodaja de seitán en el centro de cada trozo de masa. Repartir el relleno entre ellos extendiéndolo hasta cubrir el seitán. Cubra cada uno con las rodajas de seitán restantes. Dobla la masa para encerrar el relleno, doblando los bordes con los dedos para sellar.

f) Coloque los paquetes de masa, con la costura hacia abajo, en una bandeja para hornear grande sin engrasar y refrigere durante 30 minutos.

g) Precalienta el horno a 400°F. Hornee hasta que la corteza esté dorada, aproximadamente 20 minutos. Servir inmediatamente.

43. Pollo Y Champiñones En Croûte

INGREDIENTES:
- 4 pechugas de pollo
- Sal y pimienta negra al gusto
- Aceite de oliva
- 1 taza de champiñones, rebanados
- 2 dientes de ajo, picados
- Hojas de hojaldre
- Queso crema
- hojas frescas de tomillo
- 1 huevo (para batir huevos)

INSTRUCCIONES:
a) Precalienta el horno a 400°F (200°C).
b) Sazone las pechugas de pollo con sal y pimienta negra.
c) En una sartén, saltee los champiñones y el ajo en aceite de oliva hasta que estén tiernos.
d) Estirar el hojaldre y extender una capa de queso crema.
e) Coloque una pechuga de pollo encima, vierta champiñones encima y espolvoree con tomillo fresco.
f) Doblar el hojaldre sobre el pollo, sellando los bordes.
g) Batir el huevo y pintarlo sobre el hojaldre.
h) Hornee durante 25-30 minutos o hasta que la masa esté dorada.

44. Croûte De Verduras

INGREDIENTES:
- 1 berenjena, en rodajas
- 2 calabacines, rebanados
- 1 pimiento rojo, rebanado
- Aceite de oliva
- Sal y pimienta negra al gusto
- Hojas de hojaldre
- Salsa de pesto
- Queso feta, desmenuzado
- 1 huevo (para batir huevos)

INSTRUCCIONES:
a) Precalienta el horno a 400°F (200°C).
b) Mezcle las rodajas de berenjena, calabacín y pimiento rojo en aceite de oliva, sal y pimienta negra.
c) Estirar el hojaldre y extender una capa de salsa pesto.
d) Coloque las rodajas de verduras sobre la masa cubierta de pesto y espolvoree con queso feta desmenuzado.
e) Doblar el hojaldre sobre las verduras sellando los bordes.
f) Batir el huevo y pintarlo sobre el hojaldre.
g) Hornee durante 20-25 minutos o hasta que la masa esté dorada.

45. Ternera y Queso Azul En Croûte

INGREDIENTES:
- 1 libra de lomo de res, en rodajas finas
- Sal y pimienta negra al gusto
- Aceite de oliva
- Hojas de hojaldre
- Queso azul, desmenuzado
- cebollas caramelizadas
- 1 huevo (para batir huevos)

INSTRUCCIONES:
a) Precalienta el horno a 400°F (200°C).
b) Sazone las rodajas de carne con sal y pimienta negra.
c) En una sartén, dorar las rodajas de carne en aceite de oliva hasta que se doren.
d) Estirar el hojaldre y cubrirlo con una capa de queso azul.
e) Coloque las rebanadas de carne encima y agregue las cebollas caramelizadas .
f) Dobla el hojaldre sobre la carne y la cebolla, sellando los bordes.
g) Batir el huevo y pintarlo sobre el hojaldre.
h) Hornee durante 20-25 minutos o hasta que la masa esté dorada.

46. Espinacas y queso feta en croûte

INGREDIENTES:
- Hojas de hojaldre
- 2 tazas de espinacas frescas, picadas
- 1 taza de queso feta, desmenuzado
- 1/4 taza de piñones
- 2 dientes de ajo, picados
- Aceite de oliva
- Sal y pimienta negra al gusto
- 1 huevo (para batir huevos)

INSTRUCCIONES:
a) Precalienta el horno a 400°F (200°C).
b) Estirar el hojaldre y extender una capa de espinacas frescas picadas.
c) Espolvorea queso feta desmenuzado, piñones y ajo picado sobre las espinacas.
d) Rocíe aceite de oliva y sazone con sal y pimienta negra.
e) Doblar el hojaldre sobre el relleno sellando los bordes.
f) Batir el huevo y pintarlo sobre el hojaldre.
g) Hornee durante 20-25 minutos o hasta que la masa esté dorada.

47. Ratatouille En Croûte

INGREDIENTES:
- Hojas de hojaldre
- 1 berenjena, en rodajas
- 2 calabacines, rebanados
- 1 pimiento morrón, cortado en cubitos
- 1 cebolla, picada
- 2 tomates, rebanados
- Aceite de oliva
- Hierbas de Provenza
- Sal y pimienta negra al gusto
- 1 huevo (para batir huevos)

INSTRUCCIONES:
a) Precalienta el horno a 400°F (200°C).
b) Extienda el hojaldre y coloque encima las rodajas de berenjena, calabacín, pimiento morrón, cebolla y tomate.
c) Rocíe aceite de oliva, espolvoree hierbas provenzales, sal y pimienta negra.
d) Doblar el hojaldre sobre las verduras sellando los bordes.
e) Batir el huevo y pintarlo sobre el hojaldre.
f) Hornee durante 25-30 minutos o hasta que la masa esté dorada.

48. Camarones y Espárragos En Croûte

INGREDIENTES:
- Hojas de hojaldre
- 1 libra de camarones, pelados y desvenados
- 1 manojo de espárragos, recortados
- 2 cucharadas de aceite de oliva
- Polvo de ajo
- Limón rallado
- Sal y pimienta negra al gusto
- 1 huevo (para batir huevos)

INSTRUCCIONES:
a) Precalienta el horno a 400°F (200°C).
b) Extienda el hojaldre y coloque capas de camarones y espárragos encima.
c) Rocíe aceite de oliva, espolvoree ajo en polvo, ralladura de limón, sal y pimienta negra.
d) Doblar el hojaldre sobre las gambas y los espárragos, sellando los bordes.
e) Batir el huevo y pintarlo sobre el hojaldre.
f) Hornee durante 20-25 minutos o hasta que la masa esté dorada.

49. Manzana y Brie En Croûte

INGREDIENTES:
- Hojas de hojaldre
- 2 manzanas, en rodajas finas
- Queso brie, en rodajas
- 1/4 taza de miel
- 1/4 taza de nueces picadas
- Canela
- 1 huevo (para batir huevos)

INSTRUCCIONES:
a) Precalienta el horno a 400°F (200°C).
b) Extienda el hojaldre y coloque capas de manzanas en rodajas y queso Brie encima.
c) Rocíe miel, espolvoree nueces picadas y una pizca de canela.
d) Doblar el hojaldre sobre las manzanas y el queso Brie, sellando los bordes.
e) Batir el huevo y pintarlo sobre el hojaldre.
f) Hornee durante 20-25 minutos o hasta que la masa esté dorada.

50.Brie En Croute

INGREDIENTES:
- 1 rueda de queso Brie (aproximadamente 8 onzas)
- 1 hoja de hojaldre, descongelado
- 2-3 cucharadas de conservas de frutas (el albaricoque, el higo o la frambuesa funcionan bien)
- 1 huevo (para batir huevos)
- Galletas saladas o baguette en rodajas (para servir)

INSTRUCCIONES:
a) Precalienta el horno a 400°F (200°C).
b) Extienda el hojaldre sobre una superficie ligeramente enharinada, asegurándose de que sea lo suficientemente grande como para cubrir completamente el queso Brie.
c) Coloca la rueda de Brie en el centro del hojaldre.
d) Unte las conservas de frutas sobre la parte superior del Brie. Puedes usar el dorso de una cuchara para esparcirlo suavemente y de manera uniforme.
e) Doblar el hojaldre sobre el Brie, encerrándolo por completo. Selle los bordes presionándolos entre sí.
f) Batir el huevo y pintarlo por toda la superficie del hojaldre. Esto le dará un hermoso color dorado cuando se hornee.
g) Coloque el queso Brie envuelto en una bandeja para hornear forrada con papel pergamino.
h) Hornea en el horno precalentado durante 20-25 minutos o hasta que el hojaldre esté dorado y crujiente.
i) Permitir el Brie En Croûte dejar enfriar durante unos minutos antes de servir.
j) Sirva con galletas saladas o baguette en rodajas. También puede rociar más conservas de frutas por encima para darle más dulzura.
k) ¡Disfruta de la bondad pegajosa y derretida del Brie envuelto en hojaldre!
l) Este Brie En Croûte es un aperitivo elegante y que agrada al público para diversas ocasiones.

51.Paté en Croûte Rústico

INGREDIENTES:
PARA EL PATÉ:
- 1 libra de paleta de cerdo, finamente molida
- 1/2 libra de hígados de pollo, recortados
- 1/2 taza de tocino, finamente picado
- 1 cebolla pequeña, finamente picada
- 2 dientes de ajo, picados
- 1 cucharadita de tomillo seco
- 1 cucharadita de romero seco
- 1/2 taza de brandy
- Sal y pimienta negra al gusto
- 1 huevo (para batir huevos)

PARA LA CORTEZA:
- 2 láminas de hojaldre, descongeladas
- mostaza de Dijon

INSTRUCCIONES:
PARA EL PATÉ:
a) Precalienta el horno a 375°F (190°C).
b) En una sartén saltear el tocino hasta que empiece a dorarse. Agregue la cebolla y el ajo y cocine hasta que se ablanden.
c) Agrega la carne de cerdo molida, los hígados de pollo, el tomillo, el romero, la sal y la pimienta negra a la sartén. Cocine hasta que la carne esté dorada .
d) Vierta el brandy y déjelo hervir a fuego lento durante unos minutos hasta que se evapore la mayor parte del líquido. Deja que la mezcla se enfríe.

PARA LA CORTEZA:
e) Extienda una hoja de hojaldre sobre una superficie ligeramente enharinada.
f) Unte una fina capa de mostaza de Dijon sobre la masa.
g) Coloque la mezcla de paté enfriada en el centro de la masa.
h) Estirar la segunda hoja de hojaldre y colocarla sobre la mezcla de paté.
i) Sellar los bordes de la masa, procurando que no queden aberturas.

j) Batir el huevo y pintarlo por toda la superficie de la masa para conseguir un acabado dorado.
k) Utilice un cuchillo para crear patrones decorativos en la masa.
l) Colocar el paté en Croûte en una bandeja para horno forrada con papel pergamino.
m) Hornee en el horno precalentado durante 35-40 minutos o hasta que la masa esté dorada.
n) Permitir el Paté Rústico en Croûte para que se enfríe un poco antes de cortarlo.
o) Servir el Paté Rústico en Croûte con pepinillos, mostaza de Dijon y pan crujiente para un delicioso aperitivo. ¡Disfruta de los ricos y sabrosos sabores!

52.Filet de boeuf en croûte

INGREDIENTES:
PARA LA CARNE:
- 2 libras de lomo de res
- Sal y pimienta negra al gusto
- 2 cucharadas de aceite de oliva
- mostaza de Dijon

PARA LOS DUXELLES DE SETAS:
- 2 tazas de champiñones, finamente picados
- 2 cucharadas de mantequilla
- 2 dientes de ajo, picados
- Sal y pimienta negra al gusto
- 2 cucharadas de hojas frescas de tomillo

PARA MONTAJE:
- Hojas de hojaldre
- Rebanadas de prosciutto
- 1 huevo (para batir huevos)

INSTRUCCIONES:
PARA LA CARNE:
a) Precalienta el horno a 400°F (200°C).
b) Sazona el lomo de ternera con sal y pimienta negra.
c) En una sartén, calienta el aceite de oliva a fuego medio-alto. Dorar el lomo de res hasta que se dore por todos lados. Dejar enfriar.
d) Una vez enfriada, unte la carne con mostaza de Dijon.

PARA LOS DUXELLES DE SETAS:
e) En la misma sartén, derrita la mantequilla a fuego medio. Agregue el ajo picado y saltee hasta que esté fragante.
f) Agrega los champiñones picados a la sartén y cocina hasta que suelten su humedad.
g) Sazone con sal y pimienta negro. Agregue el tomillo fresco y cocine hasta que la mezcla esté bien combinada . Déjalo enfriar.

PARA MONTAJE:
h) Extienda el hojaldre sobre una superficie limpia.
i) Coloque capas de rodajas de prosciutto encima del hojaldre, superponiéndolas ligeramente.

j) Extienda una fina capa de duxelles de champiñones sobre el prosciutto.
k) Coloque el solomillo de ternera cepillado en Dijon encima de las duxelles .
l) Enrollar el hojaldre sobre la carne y las duxelles , sellando los bordes. Puedes crear un patrón de celosía en la parte superior si lo deseas.
m) Batir el huevo y pintarlo sobre el hojaldre para darle un acabado dorado.
n) Coloque el Filet de Boeuf envuelto en Croûte en una bandeja para hornear y hornea durante 25-30 minutos o hasta que la masa esté dorada.
o) Permitir el Filet de Boeuf es Croûte dejar reposar unos minutos antes de cortar. Sirve con reducción de vino tinto o tu salsa favorita. ¡Disfruta de este Beef Wellington de inspiración francesa!

53. Paté de pato en croûte

INGREDIENTES:
PARA EL RELLENO DE PATO:
- 1 libra de carne de pato, finamente molida
- 1/2 libra de paleta de cerdo, finamente molida
- 1/2 taza de hígado de pato, finamente picado
- 1 cebolla pequeña, finamente picada
- 2 dientes de ajo, picados
- 2 cucharadas de brandy
- 1 cucharadita de tomillo seco
- 1 cucharadita de romero seco
- Sal y pimienta negra al gusto

PARA LA CORTEZA:
- 2 láminas de hojaldre, descongeladas
- 1 huevo (para batir huevos)

INSTRUCCIONES:
PARA EL RELLENO DE PATO:
a) Precalienta el horno a 375°F (190°C).
b) En un tazón grande, combine el pato molido, la carne de cerdo molida, el hígado de pato picado, la cebolla picada, el ajo picado, el brandy, el tomillo seco, el romero seco, la sal y la pimienta negra. Mezclar bien hasta que todos los ingredientes estén distribuidos uniformemente.
c) En una sartén, cocina una pequeña cantidad de la mezcla al gusto para condimentar. Ajustar sal y pimienta si es necesario.

PARA LA CORTEZA:
d) Extienda una hoja de hojaldre sobre una superficie ligeramente enharinada. Esta será la base.
e) Coloque la mitad de la mezcla de pato encima del hojaldre extendido, dándole forma de tronco a lo largo del centro.
f) Estirar la segunda hoja de hojaldre y colocarla sobre la mezcla de pato, sellando los bordes. Recorte el exceso de masa si es necesario.
g) Batir el huevo y pincelarlo por toda la superficie del hojaldre para conseguir un acabado dorado.
h) Utilice un cuchillo para crear patrones decorativos en la masa.

i) Colocar el Paté de Pato en Croûte en una bandeja para horno forrada con papel pergamino.
j) Hornee en el horno precalentado durante 35 a 40 minutos o hasta que la masa esté dorada y la temperatura interna alcance al menos 160 °F (71 °C).
k) Permitir el Paté de Pato en Croûte para que se enfríe un poco antes de cortarlo.
l) Servir el Paté de Pato en Croûte con pan crujiente, mostaza de Dijon y pepinillos para un aperitivo elegante o parte de una tabla de embutidos. ¡Disfruta de los ricos y sabrosos sabores de este clásico plato francés!

54. Pollo y Croûte con salami, queso suizo y azul

INGREDIENTES:
PARA EL RELLENO DE POLLO:
- 4 pechugas de pollo deshuesadas y sin piel
- Sal y pimienta negra al gusto
- 2 tazas de espinacas frescas, picadas
- 1/2 taza de salami picante, en rodajas finas
- 1/2 taza de queso suizo, rallado
- 1/4 taza de queso azul, desmenuzado
- 2 dientes de ajo, picados
- 2 cucharadas de aceite de oliva

PARA EL HOJALDRE:
- 2 láminas de hojaldre, descongeladas
- mostaza de Dijon

PARA MONTAJE:
- 1 huevo (para batir huevos)

INSTRUCCIONES:
PARA EL RELLENO DE POLLO:
a) Precalienta el horno a 400°F (200°C).
b) Sazone las pechugas de pollo con sal y pimienta negra.
c) En una sartén, calienta el aceite de oliva a fuego medio-alto. Saltee el ajo picado hasta que esté fragante.
d) Agregue las espinacas picadas a la sartén y cocine hasta que se ablanden. Retirar del fuego y dejar enfriar.
e) Coloque las pechugas de pollo y aplánelas ligeramente con un mazo para carne.
f) Unte mostaza de Dijon sobre cada pechuga de pollo.
g) Distribuya uniformemente las espinacas salteadas, el salami picante, el queso suizo y el queso azul sobre cada pechuga de pollo.
h) Enrolle cada pechuga de pollo para cubrir el relleno. Asegúrelo con palillos de dientes si es necesario.

PARA EL HOJALDRE:
i) Extienda una hoja de hojaldre sobre una superficie ligeramente enharinada.
j) Coloque las pechugas de pollo enrolladas en el centro del hojaldre.

k) Estirar la segunda hoja de hojaldre y colocarla sobre el pollo sellando los bordes. Recorte el exceso de masa si es necesario.
l) Batir el huevo y pincelarlo por toda la superficie del hojaldre para conseguir un acabado dorado.
m) Utilice un cuchillo para crear patrones decorativos en la masa.
n) Coloque el pollo en Croûte en una bandeja para horno forrada con papel pergamino.
o) Hornee en el horno precalentado durante 25 a 30 minutos o hasta que la masa esté dorada y la temperatura interna del pollo alcance los 165°F (74°C).
p) Permita que el pollo se Croûte dejar reposar unos minutos antes de cortar.

55. Salmón en croûte Air Fryer

INGREDIENTES:
PARA EL SALMÓN:
- 4 filetes de salmón
- Sal y pimienta negra al gusto
- 1 cucharada de mostaza Dijon
- 1 cucharada de aceite de oliva
- Limón rallado

PARA EL HOJALDRE:
- 2 láminas de hojaldre, descongeladas
- Harina para espolvorear
- 1 huevo (para batir huevos)

INSTRUCCIONES:
PARA EL SALMÓN:
a) Precaliente su freidora a 375 °F (190 °C).
b) Sazona los filetes de salmón con sal, pimienta negra y un chorrito de aceite de oliva.
c) Unte una fina capa de mostaza de Dijon sobre cada filete de salmón.
d) Espolvoree ralladura de limón sobre el salmón cubierto de mostaza.

PARA EL HOJALDRE:
e) Extienda las láminas de hojaldre sobre una superficie ligeramente enharinada.
f) Corta cada hoja en un tamaño lo suficientemente grande como para envolver un filete de salmón.
g) Coloca un filete de salmón en el centro de cada trozo de hojaldre.
h) Doblar el hojaldre sobre el salmón sellando los bordes. Recorte el exceso de masa si es necesario.
i) Batir el huevo y pincelarlo por toda la superficie del hojaldre para conseguir un acabado dorado.
j) Transfiera con cuidado los filetes de salmón envueltos a la canasta de la freidora.
k) Freír al aire a 375 °F (190 °C) durante 15 a 20 minutos o hasta que el hojaldre esté dorado y el salmón bien cocido.
l) Permitir el salmón Air Fryer es Croûte dejar reposar unos minutos antes de servir.

56. Trucha arcoíris nepalí en croûte

INGREDIENTES:
PARA LA TRUCHA:
- 4 filetes de trucha arcoiris
- Sal y pimienta negra al gusto
- 1 cucharada de aceite vegetal
- 1 cucharadita de comino molido
- 1 cucharadita de cilantro molido
- 1 cucharadita de cúrcuma
- 1 cucharadita de garam masala
- 1 cucharadita de chile en polvo (ajustar al gusto)
- Zumo de 1 lima

PARA EL HOJALDRE:
- 2 láminas de hojaldre, descongeladas
- Harina para espolvorear
- 1 huevo (para batir huevos)

PARA EL LLENADO:
- 1 taza de arroz basmati cocido
- 1/2 taza de guisantes, cocidos
- 1/2 taza de cilantro picado
- 1/2 taza de menta picada
- 1/4 taza de anacardos tostados, picados
- Sal y pimienta negra al gusto

INSTRUCCIONES:
PARA LA TRUCHA:
a) Precalienta tu horno a 400°F (200°C).
b) Seque los filetes de trucha con una toalla de papel y sazone con sal y pimienta negra.
c) En un tazón pequeño, mezcle el comino molido, el cilantro molido, la cúrcuma, el garam masala, el chile en polvo y el jugo de lima para formar una pasta de especias.
d) Frote la pasta de especias sobre ambos lados de cada filete de trucha.
e) Calienta el aceite vegetal en una sartén a fuego medio-alto. Dorar los filetes de trucha durante 1-2 minutos por cada lado, solo para dorar el exterior. Alejar del calor.

PARA EL LLENADO:
f) En un tazón, combine el arroz basmati cocido, los guisantes, el cilantro picado, la menta picada y los anacardos tostados. Sazone con sal y pimienta negro. Mezclar bien.

PARA EL HOJALDRE:
g) Extienda las láminas de hojaldre sobre una superficie ligeramente enharinada.
h) Coloca una porción del relleno de arroz y hierbas en el centro de cada trozo de hojaldre.
i) Coloque un filete de trucha chamuscado encima del relleno de arroz.
j) Doblar el hojaldre sobre la trucha sellando los bordes. Recorte el exceso de masa si es necesario.
k) Batir el huevo y pincelarlo por toda la superficie del hojaldre para conseguir un acabado dorado.

HORNEANDO:
l) Transfiera con cuidado la trucha envuelta a una bandeja para hornear forrada con papel pergamino.
m) Hornea en el horno precalentado durante 20-25 minutos o hasta que el hojaldre esté dorado.
n) Permitir la trucha arcoíris nepalí es Croûte dejar reposar unos minutos antes de servir.

57. Brie en croûte de granada

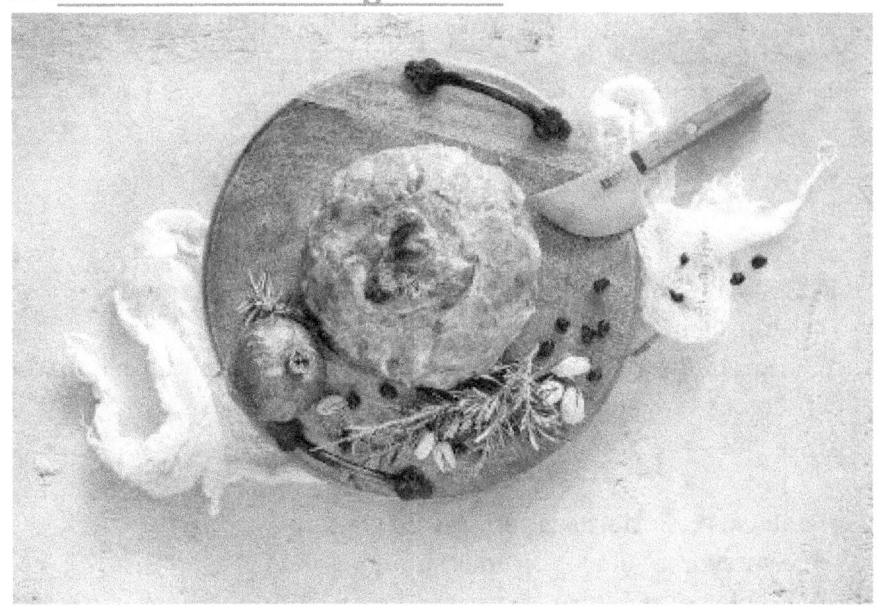

INGREDIENTES:
- 1 rueda de queso Brie (aproximadamente 8 onzas)
- 1 hoja de hojaldre, descongelado
- 1/2 taza de semillas de granada
- 1/4 taza de miel
- 1/4 taza de nueces pecanas o nueces picadas
- 1 huevo (para batir huevos)

INSTRUCCIONES:
a) Precalienta el horno a 400°F (200°C).
b) Extienda el hojaldre sobre una superficie ligeramente enharinada.
c) Coloca la rueda de Brie en el centro del hojaldre.
d) Espolvorea semillas de granada uniformemente sobre el queso Brie.
e) Rocíe miel sobre las semillas de granada.
f) Espolvorea nueces picadas sobre la miel.
g) Doblar el hojaldre sobre el Brie sellando los bordes. Recorte el exceso de masa si es necesario.
h) Batir el huevo y pincelarlo por toda la superficie del hojaldre para conseguir un acabado dorado.
i) Utilice un cuchillo para crear patrones decorativos en la masa.
j) Transfiera con cuidado el Brie de granada Croûte en una bandeja para hornear forrada con papel pergamino.
k) Hornea en el horno precalentado durante 20-25 minutos o hasta que el hojaldre esté dorado.
l) Permita que el Brie de granada sea Croûte dejar reposar unos minutos antes de servir.

58. fletán es Croûte con Crema de Limón y Estragón

INGREDIENTES:
PARA EL FLETÓN:
- 4 filetes de fletán (6 onzas cada uno)
- Sal y pimienta negra al gusto
- 1 cucharada de aceite de oliva
- 1 cucharada de mostaza Dijon
- 1 cucharada de jugo de limón fresco

PARA EL HOJALDRE:
- 2 láminas de hojaldre, descongeladas
- Harina para espolvorear
- 1 huevo (para batir huevos)

PARA LA CREMA DE LIMÓN Y ESTRAGÓN:
- 1 taza de crema espesa
- Ralladura de 1 limón
- 1 cucharada de jugo de limón fresco
- 2 cucharadas de estragón fresco, picado
- Sal y pimienta negra al gusto

INSTRUCCIONES:
PARA EL FLETÓN:
a) Precalienta el horno a 400°F (200°C).
b) Sazone los filetes de fletán con sal y pimienta negra.
c) En un tazón pequeño, mezcle el aceite de oliva, la mostaza Dijon y el jugo de limón fresco.
d) Unte los filetes de fletán con la mezcla de mostaza y limón.

PARA EL HOJALDRE:
e) Extienda las láminas de hojaldre sobre una superficie ligeramente enharinada.
f) Coloca un filete de fletán en el centro de cada trozo de hojaldre.
g) Estirar la segunda hoja de hojaldre y colocarla sobre los filetes de fletán sellando los bordes. Recorte el exceso de masa si es necesario.
h) Batir el huevo y pincelarlo por toda la superficie del hojaldre para conseguir un acabado dorado.

HORNEANDO:

i) Transfiera con cuidado el fletán envuelto a una bandeja para hornear forrada con papel pergamino.
j) Hornee en el horno precalentado durante 20-25 minutos o hasta que el hojaldre esté dorado y el fletán esté bien cocido.

PARA LA CREMA DE LIMÓN Y ESTRAGÓN:
k) En una cacerola, calienta la crema espesa a fuego medio.
l) Agrega la ralladura de limón, el jugo de limón, el estragón picado, la sal y la pimienta negra. Revuelva bien.
m) Cocine a fuego lento la mezcla de crema durante unos minutos hasta que espese un poco.

ASAMBLEA:
n) Una vez que el halibut en Croûte Se hornea , se deja reposar unos minutos.
o) Sirva el fletán en un plato, rociado con la crema de limón y estragón.
p) Adorne con estragón fresco adicional si lo desea.

59. Trucha de Mar Coulibiac en Croûte

INGREDIENTES:
PARA LA TRUCHA DE OCÉANO:
- 4 filetes de trucha de mar (aproximadamente 6 onzas cada uno)
- Sal y pimienta negra al gusto
- Jugo de limón para marinar

PARA EL RELLENO DE ARROZ:
- 1 taza de arroz jazmín, cocido
- 1 cebolla pequeña, finamente picada
- 2 cucharadas de mantequilla
- 1 taza de champiñones, finamente picados
- 1/2 taza de espinacas, picadas
- 1 cucharada de eneldo fresco, picado
- Sal y pimienta negra al gusto

PARA MONTAJE:
- 2 láminas de hojaldre, descongeladas
- Harina para espolvorear
- Mostaza de Dijon para el cepillado
- 1 huevo (para batir huevos)

INSTRUCCIONES:
PARA LA TRUCHA DE OCÉANO:
a) Sazone los filetes de trucha con sal, pimienta negra y un chorrito de jugo de limón. Déjalos marinar durante al menos 15 minutos.

PARA EL RELLENO DE ARROZ:
b) En una sartén, sofreír la cebolla picada en mantequilla hasta que se ablande.
c) Agrega los champiñones picados a la sartén y cocina hasta que suelten su humedad.
d) Agregue el arroz jazmín cocido, las espinacas picadas y el eneldo fresco. Sazone con sal y pimienta negro. Cocine hasta que la mezcla esté bien combinada . Déjalo enfriar.

PARA MONTAJE:
e) Precalienta el horno a 400°F (200°C).
f) Extienda las láminas de hojaldre sobre una superficie ligeramente enharinada.

g) Coloque una hoja en una bandeja para hornear forrada con papel pergamino.
h) Unte el hojaldre con mostaza de Dijon.
i) Extender la mitad del relleno de arroz sobre el hojaldre.
j) Coloque los filetes de trucha marinados encima del relleno de arroz.
k) Cubre la trucha con el relleno de arroz restante.
l) Estirar la segunda lámina de hojaldre y colocarla sobre el relleno sellando los bordes. Recorte el exceso de masa si es necesario.
m) Batir el huevo y pincelarlo por toda la superficie del hojaldre para conseguir un acabado dorado.
n) Utilice un cuchillo para crear patrones decorativos en la masa.
o) Hornea en el horno precalentado durante 25-30 minutos o hasta que el hojaldre esté dorado.
p) Permita que la trucha de océano Coulibiac es Croûte dejar reposar unos minutos antes de cortar.

60. Pollo En Croûte Con Mango

INGREDIENTES:
- 4 pechugas de pollo
- Sal y pimienta negra al gusto
- 1 taza de mango cortado en cubitos
- 1/2 taza de coco rallado
- 1/4 taza de cilantro picado
- 1 cucharada de curry en polvo
- 2 láminas de hojaldre, descongeladas
- 1 huevo (para batir huevos)

INSTRUCCIONES:
a) Sazone las pechugas de pollo con sal, pimienta negra y curry en polvo. Dorarlos hasta que estén dorados.
b) Mezcle el mango cortado en cubitos, el coco rallado y el cilantro picado.
c) Coloque el pollo sobre el hojaldre, cubra con la mezcla de mango y envuélvalo.
d) Hornee hasta que esté dorado.

61. Caprese En Croûte

INGREDIENTES:
- 4 tomates grandes, rebanados
- 8 onzas de mozzarella fresca, en rodajas
- hojas de albahaca fresca
- Sal y pimienta negra al gusto
- 2 láminas de hojaldre, descongeladas
- Glaseado balsámico para rociar
- 1 huevo (para batir huevos)

INSTRUCCIONES:
a) Coloque capas de rodajas de tomate, mozzarella fresca y hojas de albahaca sobre el hojaldre.
b) Sazone con sal y pimienta negro. Dobla la masa sobre las capas, sella y hornea hasta que esté dorada. Rocíe con glaseado balsámico antes de servir.

62. Camarones Al Pesto En Croûte

INGREDIENTES:
- 1 libra de camarones grandes, pelados y desvenados
- 1/2 taza de salsa pesto
- Ralladura de 1 limón
- 2 láminas de hojaldre, descongeladas
- Alioli de limón para mojar
- 1 huevo (para batir huevos)

INSTRUCCIONES:

a) Mezcle los camarones con pesto y ralladura de limón. Colocar los camarones sobre el hojaldre, doblar y sellar.

b) Hornee hasta que esté dorado. Sirva con alioli de limón para mojar.

63. Calabaza y salvia Croûte

INGREDIENTES:
- 1 calabaza pequeña, pelada y cortada en cubitos
- Hojas frescas de salvia
- Sal y pimienta negra al gusto
- 2 cucharadas de jarabe de arce
- 2 láminas de hojaldre, descongeladas
- 1 huevo (para batir huevos)

INSTRUCCIONES:
a) Calabaza asada con salvia, sal y pimienta negra. Colocar la mezcla sobre el hojaldre, doblar y sellar.
b) Hornee hasta que esté dorado. Rocíe con jarabe de arce antes de servir.

64. Queso de Higos y Cabra En Croûte

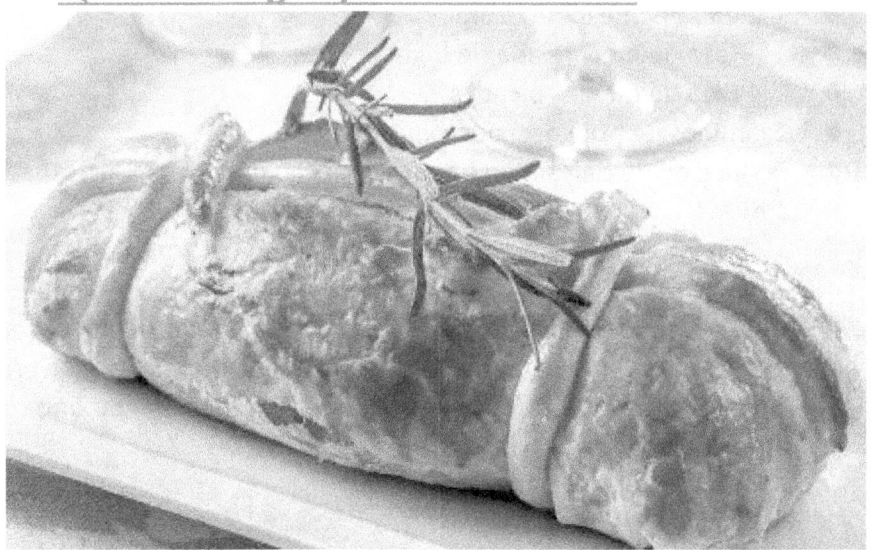

INGREDIENTES:
- 1 rueda de queso de cabra
- 1/2 taza de mermelada de higos
- 1/4 taza de nueces picadas
- 2 láminas de hojaldre, descongeladas
- Reducción de balsámico para rociar
- 1 huevo (para batir huevos)

INSTRUCCIONES:
a) Untar mermelada de higos sobre el hojaldre, colocar en el centro el queso de cabra, espolvorear con nueces picadas y envolver.
b) Hornee hasta que esté dorado. Rocíe con reducción de balsámico antes de servir.

65. Aceite de Setas y Trufa Es Croûte

INGREDIENTES:
- 2 tazas de champiñones variados, finamente picados
- 2 cucharadas de aceite de trufa
- 1/4 taza de parmesano rallado
- 2 láminas de hojaldre, descongeladas
- 1 huevo (para batir huevos)

INSTRUCCIONES:
a) Saltee los champiñones en aceite de trufa hasta que estén tiernos. Mezclar con parmesano rallado.
b) Colocar sobre hojaldre, doblar y sellar. Hornee hasta que esté dorado.

66. Batata y queso feta Croûte

INGREDIENTES:
- 2 tazas de batatas, trituradas
- 1/2 taza de queso feta desmenuzado
- 1 cucharada de romero fresco picado
- 2 láminas de hojaldre, descongeladas
- Miel para rociar
- 1 huevo (para batir huevos)

INSTRUCCIONES:
a) Mezcle puré de batatas con queso feta y romero. Colocar sobre hojaldre, doblar y sellar.
b) Hornee hasta que esté dorado. Rocíe con miel antes de servir.

67. Espárragos En Croûte Envueltos En Prosciutto

INGREDIENTES:
- 1 manojo de espárragos, blanqueados
- Prosciutto en rodajas finas
- Ralladura de 1 limón
- 2 láminas de hojaldre, descongeladas
- 1 huevo (para batir huevos)

INSTRUCCIONES:
a) Envuelva los espárragos con prosciutto. Colocar sobre hojaldre, doblar y sellar.
b) Hornee hasta que esté dorado. Espolvorea con ralladura de limón antes de servir.

STRUDELS

68. Strudel De Cerdo Estofado Con Salsa De Manzana Verde

INGREDIENTES:
- 4 cucharadas de manteca de cerdo
- 2 libras de paleta de cerdo, cortada en cubos de 1/8 de pulgada y sazonada con sal y pimienta
- 2 zanahorias, cortadas en cubos de 1/4 de pulgada
- 1 cebolla española, cortada en dados de 1 pulgada
- 4 pimientos rojos húngaros, cortados en cubos de 1/4 de pulgada
- 2 cucharadas de pimentón
- 7 onzas de Speck, cortado en cubos de 1/4 de pulgada
- 1/4 cucharada de clavo molido
- 1/4 cucharadita de canela
- 2 tazas de vino tinto
- 1 Receta de strudel (ver receta básica)
- 2 yemas de huevo batidas
- 1 Receta de salsa de manzana verde

INSTRUCCIONES:
a) En una cazuela de fondo grueso calentar manteca hasta que humee. Agregue los trozos de cerdo, 5 o 6 a la vez, y cocine hasta que estén dorados. Retire y agregue las zanahorias, la cebolla, los pimientos, el pimentón, el mota, el clavo, la canela y cocine hasta que se ablanden, aproximadamente de 8 a 10 minutos.
b) Agrega el vino y deja hervir. Vuelva a agregar la carne de cerdo dorada a la cazuela, vuelva a hervir, luego baje el fuego y cocine a fuego lento durante 1½ horas hasta que la carne esté muy tierna. Sazone con sal y pimienta y déjelo enfriar durante 4 horas en el frigorífico.
c) Precaliente el horno a 375 F. Extienda la masa de strudel en un rectángulo de 10 por 14 pulgadas. Colocar el estofado de cerdo frío en el centro y enrollar como un strudel.
d) Guarde los trozos de masa cortados para adornar el strudel con un diseño o el nombre de un ser querido. Unte con yemas de huevo batidas, colóquelas en una bandeja para hornear galletas y hornee durante 50 a 60 minutos, hasta que estén doradas y bien calientes por dentro.
e) Deje reposar el strudel durante 10 minutos y sírvalo con salsa de manzana verde .

69.Strudels De Pollo Y Andouille

INGREDIENTES:
- 1 cucharada de aceite vegetal
- 4 onzas de salchicha Andouille, cortada en dados de 1 pulgada
- 1/2 taza de cebolla picada
- 1 cucharada de ajo picado
- Sal y cayena, al gusto.
- 1/4 taza de agua
- 1 taza de salsa BBQ dulce
- 1 cucharada de perejil picado
- 3 cucharadas de queso parmigiano-reggiano rallado
- 4 hojas de masa filo

INSTRUCCIONES:
a) Precalienta el horno a 375 grados F.
b) En una sartén a fuego medio, agrega el aceite. Sazona el pollo con Esencia. Cuando el aceite esté caliente, agrega el pollo y saltea durante unos 2 a 3 minutos, revolviendo constantemente.
c) Agrega la andouille y saltea por 2 minutos más. Incorpora la cebolla y el ajo, salteando durante 5 minutos. Sazonar con sal y pimienta.
d) Agrega agua, 1/2 taza de salsa BBQ, perejil y queso. Cocine a fuego lento durante 1 minuto. Retire del fuego y agregue el pan rallado. Deja que la mezcla se enfríe por completo.
e) Apila las cuatro hojas de masa filo una encima de la otra y córtalas todas en tercios, lo que da como resultado 12 hojas. Divida las hojas en cuatro pilas de 3 hojas, manteniendo la masa filo cubierta con una toalla húmeda para evitar que se seque.
f) Cepille ligeramente la parte superior de cada pila con aceite vegetal. Coloque 1/4 taza de la mezcla de pollo en el borde inferior de cada pila de masa filo.
g) Dobla dos lados del filo hacia el centro aproximadamente 1/4 de pulgada. Comenzando desde abajo, enrolle el filo de forma segura, presionando cada capa para cerrar. Unte ligeramente cada strudel con aceite.
h) Cubra una bandeja para hornear con papel pergamino. Coloque los strudels sobre el papel, a una distancia de aproximadamente 2 pulgadas, y hornee por 15 minutos o hasta que estén dorados.
i) Retirar del horno, cortar cada strudel por la mitad en diagonal y servir cada uno con el resto de la salsa BBQ y queso rallado.

70. Strudel De Langostinos Con Dos Salsas

INGREDIENTES:
- 1 cucharada de aceite de sésamo
- 1 cebolla amarilla, cortada en juliana
- 1 pimiento rojo, cortado en juliana
- 1 pimiento amarillo, cortado en juliana
- 1 pimiento verde, cortado en juliana
- 1 manojo de cebolla verde, en rodajas
- 6 onzas de bok choy, cortado en juliana
- 4 onzas de brotes de bambú enlatados
- 2 onzas de hongos shiitake, rebanados
- 2 zanahorias, en juliana
- 1 libra de colas de cangrejo
- 2 cucharadas de salsa hoisin
- 3 cucharadas de salsa de soja
- 2 cucharadas de jengibre fresco
- 2 dientes de ajo, picados
- 1/2 cucharadita de pimienta de Cayena
- 1/4 cucharadita de pimienta negra molida
- 1/4 cucharadita de granos de pimienta rosa
- Sal al gusto
- 1 libra de mantequilla derretida
- 1 libra de masa filo

INSTRUCCIONES:
a) En una cacerola grande y pesada, caliente el aceite de sésamo. Agregue los pimientos rojos, amarillos y verdes y saltee hasta que se ablanden.
b) Agregue las cebollas verdes, el bok choy, los brotes de bambú, los hongos shiitake y las zanahorias. Continúe salteando hasta que las verduras estén tiernas.
c) Agregue las colas de cangrejo, la salsa hoisin, la salsa de soja, el jengibre fresco, el ajo picado, la pimienta de cayena, la pimienta negra molida, los granos de pimienta rosa y sal al gusto. Cocine hasta que la mezcla esté al dente. Escurrir y enfriar en un colador.

d) Precalienta el horno a 350 grados F. Derrita la mantequilla y coloque las hojas de filo sobre una superficie de trabajo. Unte mantequilla derretida entre las hojas (7 hojas en total).
e) Coloque la mezcla de cangrejos en el extremo inferior de las hojas de filo. Enrollar bien y sellar con mantequilla derretida.
f) Hornea en el horno precalentado hasta que la masa filo esté dorada.
g) Prepara dos salsas y colócalas a cada lado del plato. Sirve el strudel de cangrejo encima de las salsas.
h) Ajuste la cantidad de jengibre según sus preferencias de sabor.

71. Strudel de salmón abundante con eneldo

INGREDIENTES:
- 1 libra de filete de salmón, de 1 pulgada de grosor, sin piel
- Aerosol para cocinar con sabor a mantequilla
- 1/4 cucharadita de sal
- 1/4 cucharadita de ajo en polvo
- 1/4 cucharadita de pimienta recién molida
- 1 1/4 tazas de papas rojas, en cubos
- 3/4 taza de leche descremada evaporada
- 1/2 puerro, en rodajas finas
- 2 cucharaditas de agua
- 1/2 cucharadita de maicena
- 1 cucharadita de eneldo seco
- 3 cucharadas de queso parmesano rallado
- 8 hojas de masa filo

INSTRUCCIONES:
a) Coloque el filete de salmón en una asadera cubierta con aceite en aerosol. Espolvorea con sal, pimienta y ajo en polvo. Ase hasta que el pescado se desmenuce fácilmente. Cortar en trozos pequeños y reservar.
b) Precalienta el horno a 350°F.
c) En una cacerola pequeña, combine las patatas, la leche y el puerro. Llevar a ebullición. Tape, reduzca el fuego y cocine a fuego lento durante 10 minutos o hasta que la papa esté tierna.
d) En un tazón pequeño, combine el agua y la maicena. Agrega a la mezcla de papa. Agregue los trozos de salmón, el eneldo seco y el queso parmesano. Revuelva suavemente y reserve.
e) Coloque una hoja de masa filo sobre una superficie de trabajo (cúbrala para evitar que se seque). Rocíe ligeramente con aceite en aerosol. Apile otra hoja encima y rocíe; repita con todas las hojas de masa filo.
f) Vierta la mezcla de papa a lo largo del borde largo, dejando un borde de 2 pulgadas. Dobla los bordes cortos del filo para cubrir los extremos de la mezcla de papa. Comenzando por el borde largo (con el borde), enrolle en forma de gelatina . No enrolles demasiado.
g) Coloque el strudel, con la costura hacia abajo, en un molde para panecillos de gelatina rociado con aceite en aerosol. Rocíe ligeramente el strudel con aceite en aerosol.
h) Hornee por 30 minutos o hasta que estén dorados.
i) Sirve y disfruta de este abundante strudel de salmón con eneldo.

72. Strudel De Cordero Y Tomate Seco

INGREDIENTES:
- 12 hojas de masa filo de 17 por 12 pulgadas
- 1 1/2 tazas de agua hirviendo
- 1/2 taza de tomates secos (no envasados en aceite), aproximadamente 2 onzas
- 1/2 libra de champiñones, en rodajas finas
- 3/4 taza de Kalamata u otras aceitunas negras curadas en salmuera o aceitunas negras maduras sin hueso, en rodajas finas
- 1 cucharada de aceite de oliva
- 1 libra de cordero molido
- 1 cucharadita de romero seco, desmenuzado
- 1 cucharadita de albahaca seca, desmenuzada
- 1/2 cucharadita de hojuelas de pimiento rojo picante seco
- 1 1/2 tazas de queso feta desmenuzado, aproximadamente 8 onzas
- 1/2 taza de mozzarella rallada, aproximadamente 3 onzas
- Unas 5 cucharadas de aceite de oliva (para cepillar)
- Sal y pimienta para probar

INSTRUCCIONES:
a) Cubra la pila de hojas filo con 2 hojas superpuestas de plástico y luego con un paño de cocina húmedo.
b) Haga el relleno: en un tazón pequeño, vierta agua hirviendo sobre los tomates y déjelos en remojo durante 5 minutos. Escurrir bien y cortar en rodajas finas.
c) En una sartén grande y pesada, caliente el aceite de oliva a fuego moderadamente alto hasta que esté caliente pero sin humear. Saltear los champiñones con sal y pimienta al gusto, revolviendo, hasta que se evapore el líquido que desprenden. Transfiera los champiñones a un tazón grande.
d) Agregue el cordero molido a la sartén y cocine, revolviendo y rompiendo los grumos, hasta que ya no esté rosado. Transfiera el cordero al bol con los champiñones y deseche la grasa.
e) Agregue los tomates, las aceitunas, el romero, la albahaca y las hojuelas de pimiento rojo a la mezcla de cordero. Dejar enfriar

durante 10 minutos. Agregue el queso feta, la mozzarella y sal y pimienta al gusto.

f) Precalienta el horno a 425°F y engrasa ligeramente un molde para hornear grande y poco profundo.

g) Apila la masa filo entre 2 hojas de papel encerado y cúbrela con un paño de cocina seco. En una superficie de trabajo, coloque dos hojas de papel encerado de 20 pulgadas de largo con los lados largos superpuestos ligeramente y mirando hacia usted. Coloque 1 hoja de masa filo sobre papel encerado y unte ligeramente con aceite. Coloque capas y cepille 5 hojas más de masa filo de la misma manera. (La pila de masa filo engrasada debe tener 6 hojas de grosor).

h) Extienda la mitad del relleno en una tira de 3 pulgadas de ancho, formando un montículo, sobre el filo a 4 pulgadas por encima del lado más largo, dejando un borde de 2 pulgadas en cada extremo.

i) Usando papel encerado como guía, levante las 4 pulgadas inferiores de masa sobre el relleno, doble los extremos y enrolle firmemente el strudel. Transfiera con cuidado el strudel, con la costura hacia abajo, a la bandeja para hornear y unte ligeramente con aceite. Haz otro strudel con los ingredientes restantes de la misma manera.

j) Hornee los strudels en el medio del horno durante 25 minutos o hasta que estén dorados. Enfríe los strudels para calentarlos en la sartén sobre una rejilla.

k) Corte los strudel en rodajas de 1 pulgada con un cuchillo de sierra y sírvalas calientes.

l) ¡Disfruta de este sabroso strudel de cordero y tomate seco!

73. Milhojas De Verduras Marroquíes

INGREDIENTES:
- 1 cebolla, rebanada
- 2 cabezas de ajo, peladas
- 2 zanahorias, en rodajas
- 1 pimiento rojo, cortado en trozos
- 1 camote, pelado y cortado en trozos
- 1 apio nabo, pelado y cortado en trozos
- 2 tomates pera, cortados en 8 gajos
- 1/4 taza de aceite de oliva (50 ml)
- 2 cucharaditas de sal (10 ml)
- 2 tazas de cuscús, arroz o granos de trigo cocidos (500 ml)
- 1 cucharada de tomillo fresco (15 ml)
- 2 cucharadas de agua (25 ml)
- 1/2 taza de pan rallado (125 ml)
- 6 onzas de queso de cabra, desmenuzado (opcional) (175 g)
- 1/4 taza de albahaca fresca picada (50 ml)
- 10 hojas de masa filo
- 1/3 taza de mantequilla sin sal, derretida (o aceite de oliva) (75 ml)

INSTRUCCIONES:
a) Coloque las verduras en una bandeja para hornear forrada con papel pergamino. Rocíe con aceite de oliva y espolvoree con sal y tomillo. Ase en un horno a 425°F/210°C durante 50 a 60 minutos o hasta que las verduras estén muy tiernas.
b) Exprima el ajo de su cáscara y combínelo con verduras, cereales cocidos, queso de cabra (si lo usa) y albahaca.
c) Coloque dos hojas de masa filo por separado sobre paños de cocina. Cubra el resto del filo con film transparente.
d) Unte las hojas de masa filo con mantequilla derretida (mezclada con agua) y espolvoree con pan rallado. Repita con el resto del filo, formando dos montones de 5 hojas cada uno.
e) Coloque la mezcla de verduras en un lado largo del filo y enróllelo.
f) Transfiera suavemente a una bandeja para hornear. Haga cortes diagonales a través de la capa superior de masa. Hornee a 400°F/200°C durante 30 a 40 minutos hasta que esté bien dorado.

SALSA CHARMOULA:

g) Combine 1 diente de ajo picado con 1 cucharadita (5 ml) de comino molido y pimentón y 1/2 cucharadita (2 ml) de cayena.
h) Agrega 1/2 taza (125 ml) de mayonesa o queso yogur o una combinación. Agrega 1 cucharada (15 ml) de jugo de limón y 2 cucharadas (25 ml) de cilantro fresco picado.
i) Sirva las rodajas de strudel de verduras marroquí con salsa Charmoula . ¡Disfrutar!

74. Strudel De Salmón Ahumado Y Brie

INGREDIENTES:
- 1/2 taza de mostaza molida seca
- 1/2 taza de azúcar blanca granulada
- 1/4 taza de vinagre de vino de arroz
- 1/4 taza de mostaza amarilla preparada
- 1 cucharada de aceite de sésamo
- 2 cucharadas de salsa de soja
- 1 1/2 cucharaditas de pimentón
- 1/4 cucharadita de pimienta de cayena
- 3 hojas de masa filo
- 1/4 taza de mantequilla derretida
- 1/4 taza de hierbas frescas suaves picadas
- 1 rueda de queso Brie (8 oz)
- 1/2 libra de salmón ahumado en rodajas
- 1 baguette, cortada en trozos de 1/2 pulgada y ligeramente tostada

INSTRUCCIONES:
a) Precalienta el horno a 400 grados.
b) En un tazón, mezcle la mostaza molida seca, el azúcar, el vinagre de vino de arroz, la mostaza amarilla, el aceite de sésamo, la salsa de soja, el pimentón y la cayena. Deja la mezcla a un lado.
c) Coloca los tres trozos de masa filo sobre una superficie plana. Cepille los extremos de la masa con mantequilla derretida.
d) En el centro de la masa filo, esparce un poco de la mezcla de mostaza. Espolvorea el círculo de mezcla de mostaza con las hierbas picadas.
e) Sazone el salmón con sal y pimienta. Envuelva la rueda de Brie con el salmón en rodajas, permitiendo que las rodajas se superpongan entre sí. Envuelve el queso como si fuera un paquete.
f) Coloque el queso Brie envuelto en salmón en el centro del círculo de mostaza y hierbas. Dobla dos de los extremos de la masa filo hacia el centro. Dobla los extremos restantes hacia adentro, formando un paquete. Sellar completamente.
g) Coloque la masa en una bandeja forrada con papel pergamino, con los bordes doblados sobre el papel pergamino.

h) Unte ligeramente la masa con la mantequilla derretida restante.
i) Coloque el molde en el horno y hornee hasta que esté dorado, aproximadamente de 10 a 12 minutos.
j) Retirar del horno y enfriar un poco antes de cortar. Sirva sobre picatostes con la salsa de mostaza restante.
k) ¡Disfruta de tu delicioso Strudel de Salmón Ahumado y Brie!

75. Trucha Ahumada Y Strudel De Manzana A La Parrilla

INGREDIENTES:
- 2 manzanas Granny Smith, sin corazón y cortadas en aros de 1/2"
- 1 cucharada de aceite de oliva
- Sal y pimienta para probar
- 1/2 libra de trucha ahumada, desmenuzada en trozos pequeños
- 2 cucharadas de chalotes, picados
- 1/4 taza de queso crema, temperatura ambiente
- 2 cucharadas de cebollino, finamente picado
- 5 hojas de masa filo
- 1/2 taza de mantequilla, derretida

INSTRUCCIONES:
a) Precalienta la parrilla. Precalienta el horno a 400 grados.
b) Mezcle las manzanas con aceite de oliva y sazone con sal y pimienta. Coloque en la parrilla y cocine por 2 minutos por cada lado. Retirar de la parrilla y cortar las manzanas en dados pequeños.
c) En un tazón, combine las manzanas cortadas en cubitos, la trucha ahumada y las chalotas picadas. Unir la mezcla con el queso crema. Agrega las cebolletas. Condimentar con sal y pimienta.
d) Unte cada hoja de masa filo con mantequilla derretida. Unte 1/3 del filo con el relleno de manzana y trucha.
e) Con el extremo del relleno hacia usted, enrolle el strudel como si fuera un rollo de gelatina . Colóquelo en una bandeja para hornear forrada con papel pergamino y unte con la mantequilla restante.
f) Hornea por 15 minutos o hasta que el strudel esté dorado.
g) Cortar el strudel al bies y colocarlo en una fuente. Adorne con cebollino y Esencia.
h) ¡Disfruta de tu deliciosa trucha ahumada y strudel de manzana a la parrilla!

76. Milhojas De Setas Silvestres

INGREDIENTES:
- 1 cucharada de aceite de oliva
- 1 cebolla amarilla pequeña, picada
- 2 chalotes, picados
- 3 dientes de ajo, picados
- 1 taza de vino tinto
- 4 tazas de champiñones silvestres rebanados
- 1/2 taza de queso parmesano recién rallado
- 1/3 taza de queso de cabra suave o queso ricotta
- 1/4 taza de pan rallado tostado sin condimentar
- 2 cucharaditas de albahaca fresca picada
- 1 cucharadita de romero fresco picado
- 1/2 cucharadita de pimienta negra molida
- Sal al gusto
- 4 hojas de masa filo
- 4 cucharadas de mantequilla sin sal, derretida
- Salsa De Pimiento Rojo Asado Y Albahaca

INSTRUCCIONES:
a) Precalienta el horno a 350 grados. Cubra una bandeja para hornear con papel pergamino.
b) Para hacer el relleno, caliente el aceite de oliva en una sartén grande a fuego alto hasta que esté muy caliente. Agregue la cebolla, las chalotas y el ajo y saltee hasta que estén fragantes, aproximadamente 1 minuto.
c) Agrega el vino tinto y reduce a la mitad, unos 4 minutos. Agregue los champiñones y cocine hasta que estén tiernos y la mayor parte del líquido se reduzca, de 4 a 5 minutos. Retirar del fuego y dejar que el relleno se enfríe un poco. Transfiera el relleno a un tazón grande y déjelo enfriar por completo.
d) Incorpora los quesos parmesano y de cabra. Agrega el pan rallado, la albahaca, el romero y la pimienta negra. Mezclar bien, sazonar al gusto con sal y reservar.
e) Coloque 2 hojas de masa filo sobre una superficie de trabajo limpia y seca y unte generosamente la hoja superior con mantequilla

derretida. Coloque 2 hojas de masa filo más encima y vuelva a untar la hoja superior con mantequilla.

f) Vierta el relleno en el centro de la masa, extendiéndolo para formar un rectángulo, dejando un borde de 2 pulgadas. Dobla uno de los extremos cortos de la masa aproximadamente 1 pulgada sobre el relleno. Doble uno de los extremos largos sobre aproximadamente 1 pulgada del relleno y enróllelo suavemente hasta formar un tronco.

g) Coloque el strudel, con la costura hacia abajo, en la bandeja para hornear preparada y corte aberturas de 1/4 de pulgada de profundidad en la parte superior.

h) Hornee en el horno durante 25 a 30 minutos o hasta que estén dorados.

i) Retirar del horno y enfriar en la sartén. Con un cuchillo de sierra, corte el strudel en 8 trozos.

j) Sirva caliente con la salsa de pimiento rojo asado y albahaca como acompañamiento.

77. Milhojas de hígado

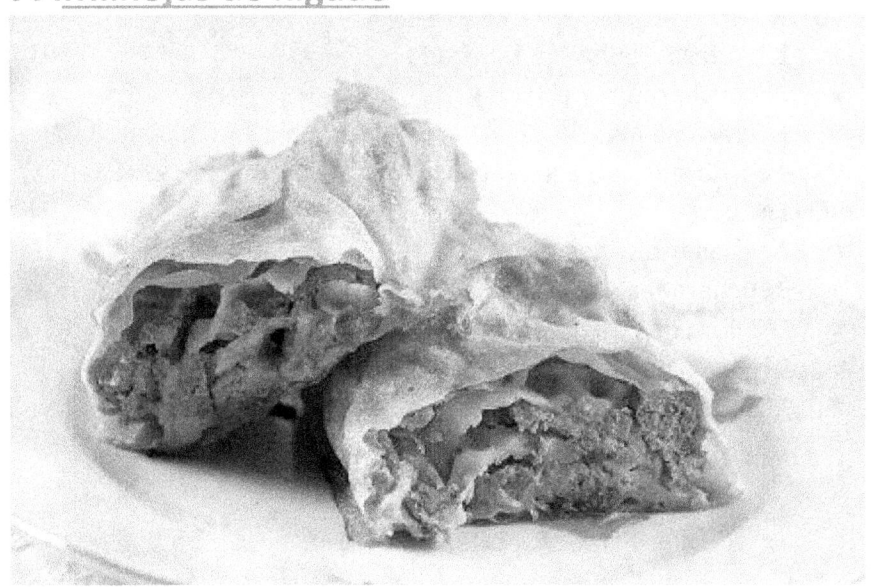

INGREDIENTES:
CORTEZA:
- 1 1/4 tazas de harina tamizada
- 1/2 cucharadita de sal
- 1/3 taza de manteca
- 3 cucharadas de agua (aprox.)

RELLENO:
- 2 cebollas picadas
- 3 cucharadas de grasa
- 1/2 libra de hígado de res, en rodajas
- 4 huevos duros
- 1/2 cucharadita de sal
- 1 huevo batido
- Pizca de sal

INSTRUCCIONES:
PARA LA CORTEZA:
a) Tamizar la harina y la sal juntas.
b) Corta la manteca hasta que la mezcla quede como arena gruesa.
c) Agregue agua poco a poco hasta que todo esté humedecido y los trozos se peguen.

PARA EL LLENADO:
d) Saltee las cebollas en grasa hasta que estén de color amarillo claro.
e) Agrega el hígado y saltea durante 4 minutos por cada lado.
f) Pase las cebollas, los hígados y los huevos por un picador de alimentos.
g) Mezcle con la grasa restante que queda en la sartén y agregue sal y pimienta.

ASAMBLEA:
h) Divida la masa en tercios y extiéndala en tiras muy finas, cada una de las cuales mide 4 pulgadas por 12 pulgadas.
i) Coloque una barra de mezcla de hígado en el medio de cada tira.
j) Enrolle la mitad de la masa sobre ella; Pintar con huevo batido y cubrir con el otro lado de la masa.
k) Pincelamos todo con huevo batido y sellamos los extremos.
l) Colóquelos en bandejas para hornear y hornee en un horno a 400°F durante 20 minutos.
m) Deje enfriar un poco y córtelo en rodajas de 1/2 pulgada.

78.Milhojas De Carne

INGREDIENTES:
PARA EL LLENADO:
- 1 libra de carne molida o una mezcla de carne de res y cerdo
- 1 cebolla, finamente picada
- 2 dientes de ajo, picados
- 1 taza de champiñones, finamente picados
- 1 taza de espinacas, picadas
- 1/4 taza de pan rallado
- 1/4 taza de caldo de carne o de verduras
- 1 cucharadita de tomillo seco
- Sal y pimienta negra al gusto

PARA LA MASA DE STRUDEL:
- 2 tazas de harina para todo uso
- 1/2 taza de agua tibia
- 1/4 taza de aceite vegetal
- Pizca de sal

PARA MONTAJE:
- 1/2 taza de mantequilla derretida (para untar)
- Semillas de sésamo o semillas de amapola (opcional, para cubrir)

INSTRUCCIONES:
PARA EL LLENADO:
a) En una sartén dorar la carne molida a fuego medio. Escurrir el exceso de grasa si es necesario.
b) Agrega la cebolla picada y el ajo a la sartén. Saltee hasta que las cebollas estén traslúcidas.
c) Agregue los champiñones picados y cocine hasta que suelten su humedad.
d) Agregue espinacas picadas, pan rallado, caldo de carne o de verduras, tomillo seco, sal y pimienta negra. Cocine hasta que la mezcla esté bien combinada y el exceso de líquido se evapore. Retirar del fuego y dejar enfriar.

PARA LA MASA DE STRUDEL:
e) En un bol, combine la harina y la sal. Hacer un hueco en el centro y agregar agua tibia y aceite vegetal.

f) Mezclar hasta que se forme una masa. Amasar la masa sobre una superficie enharinada hasta que quede suave y elástica.
g) Deja reposar la masa unos 30 minutos, tapada con un paño húmedo.

ASAMBLEA:
h) Precalienta el horno a 375°F (190°C).
i) Extienda la masa sobre una superficie enharinada hasta formar un rectángulo grande.
j) Coloque el relleno de carne enfriado a lo largo de un borde del rectángulo, dejando algo de espacio alrededor de los bordes.
k) Enrolle la masa sobre el relleno, metiendo los lados a medida que avanza, para formar un tronco.
l) Coloque el strudel enrollado en una bandeja para hornear forrada con papel pergamino.
m) Unte el strudel con mantequilla derretida. Opcionalmente, espolvorea semillas de sésamo o de amapola encima.
n) Hornee en el horno precalentado durante 25-30 minutos o hasta que el strudel esté dorado y bien cocido.
o) Deje que el strudel de carne se enfríe un poco antes de cortarlo.
p) ¡Sirve el strudel de carne caliente y disfruta del sabroso relleno envuelto en una corteza dorada y hojaldrada!

79. Strudel De Berenjena Y Tomate

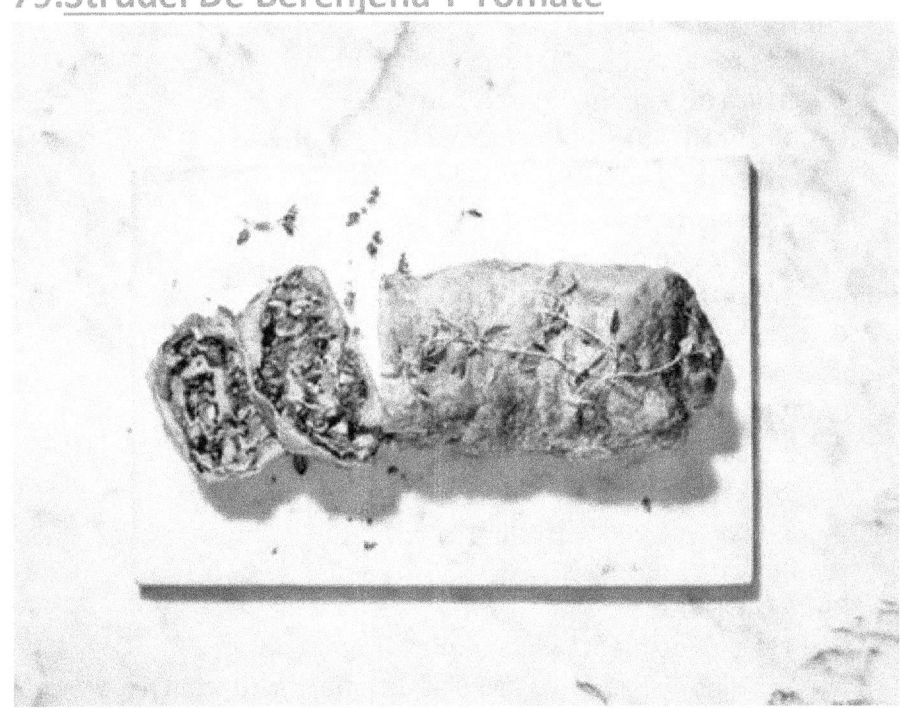

INGREDIENTES:
PARA EL LLENADO:
- 1 berenjena grande, cortada en cubitos
- 1 taza de tomates cherry, cortados por la mitad
- 1 cebolla, finamente picada
- 2 dientes de ajo, picados
- 1 pimiento rojo, cortado en cubitos
- 1/2 taza de queso feta desmenuzado
- 1/4 taza de albahaca fresca picada
- 2 cucharadas de aceite de oliva
- Sal y pimienta negra al gusto

PARA LA MASA DE STRUDEL:
- 2 tazas de harina para todo uso
- 1/2 taza de agua tibia
- 1/4 taza de aceite de oliva
- Pizca de sal

PARA MONTAJE:
- 1/4 taza de mantequilla derretida (para untar)
- Semillas de sésamo o semillas de amapola (opcional, para cubrir)

INSTRUCCIONES:
PARA EL LLENADO:

a) Precalienta el horno a 375°F (190°C).
b) Coloque las berenjenas cortadas en cubitos en una bandeja para hornear, rocíe con aceite de oliva y ase en el horno precalentado durante unos 15 a 20 minutos o hasta que estén tiernas. Retirar del horno y dejar enfriar.
c) En una sartén, sofreír la cebolla y el ajo picados en aceite de oliva hasta que se ablanden.
d) Agregue el pimiento rojo cortado en cubitos a la sartén y cocine por unos minutos hasta que esté ligeramente tierno.
e) Combine la berenjena asada, la mezcla de cebolla salteada, los tomates cherry, el queso feta desmenuzado y la albahaca picada en un tazón. Sazone con sal y pimienta negro. Mezclar bien.

PARA LA MASA DE STRUDEL:

f) En un bol, combine la harina y la sal. Hacer un hueco en el centro y agregar agua tibia y aceite de oliva.
g) Mezclar hasta que se forme una masa. Amasar la masa sobre una superficie enharinada hasta que quede suave y elástica.
h) Deja reposar la masa unos 30 minutos, tapada con un paño húmedo.

ASAMBLEA:
i) Precalienta el horno a 375°F (190°C).
j) Extienda la masa sobre una superficie enharinada hasta formar un rectángulo grande.
k) Coloque el relleno preparado a lo largo de un borde del rectángulo, dejando algo de espacio alrededor de los bordes.
l) Enrolle la masa sobre el relleno, metiendo los lados a medida que avanza, para formar un tronco.
m) Coloque el strudel enrollado en una bandeja para hornear forrada con papel pergamino.
n) Unte el strudel con mantequilla derretida. Opcionalmente, espolvorea semillas de sésamo o de amapola encima.
o) Hornee en el horno precalentado durante 25-30 minutos o hasta que el strudel esté dorado y bien cocido.
p) Deje que el strudel de berenjena y tomate se enfríe un poco antes de cortarlo.
q) ¡Sirve el strudel de berenjena y tomate caliente y saborea la deliciosa combinación de berenjena asada, tomates jugosos y queso feta salado envuelto en hojaldre!

80. Milhojas De Calabacín Con Carne Picada

INGREDIENTES:
PARA EL LLENADO:
- 1 libra de carne molida o una mezcla de carne de res y cerdo
- 2 calabacines medianos, rallados
- 1 cebolla, finamente picada
- 2 dientes de ajo, picados
- 1/2 taza de pan rallado
- 1/4 taza de leche
- 1 cucharadita de orégano seco
- Sal y pimienta negra al gusto
- Aceite de oliva para saltear

PARA LA MASA DE STRUDEL:
- 2 tazas de harina para todo uso
- 1/2 taza de agua tibia
- 1/4 taza de aceite vegetal
- Pizca de sal

PARA MONTAJE:
- 1/4 taza de mantequilla derretida (para untar)
- Semillas de sésamo o semillas de amapola (opcional, para cubrir)

INSTRUCCIONES:
PARA EL LLENADO:
a) Precalienta el horno a 375°F (190°C).
b) En una sartén, sofreír la cebolla picada y el ajo picado en aceite de oliva hasta que se ablanden.
c) Agregue la carne molida a la sartén y cocine hasta que se dore. Escurrir el exceso de grasa si es necesario.
d) En un tazón, combine el calabacín rallado, el pan rallado, la leche, el orégano seco, la sal y la pimienta negra. Mezclar bien.
e) Agrega la mezcla de calabacín a la sartén con la carne cocida. Cocine por unos minutos hasta que el calabacín esté tierno. Retirar del fuego y dejar enfriar.

PARA LA MASA DE STRUDEL:
f) En un bol, combine la harina y la sal. Hacer un hueco en el centro y agregar agua tibia y aceite vegetal.

g) Mezclar hasta que se forme una masa. Amasar la masa sobre una superficie enharinada hasta que quede suave y elástica.
h) Deja reposar la masa unos 30 minutos, tapada con un paño húmedo.

ASAMBLEA:
i) Precalienta el horno a 375°F (190°C).
j) Extienda la masa sobre una superficie enharinada hasta formar un rectángulo grande.
k) Coloque el calabacín enfriado y el relleno de carne a lo largo de un borde del rectángulo, dejando algo de espacio alrededor de los bordes.
l) Enrolle la masa sobre el relleno, metiendo los lados a medida que avanza, para formar un tronco.
m) Coloque el strudel enrollado en una bandeja para hornear forrada con papel pergamino.
n) Unte el strudel con mantequilla derretida. Opcionalmente, espolvorea semillas de sésamo o de amapola encima.
o) Hornee en el horno precalentado durante 25-30 minutos o hasta que el strudel esté dorado y bien cocido.
p) Deje que el strudel de calabacín con carne picada se enfríe un poco antes de cortarlo.
q) ¡Sirve el strudel de calabacín caliente y disfruta de la sabrosa combinación de calabacín, carne picada y hierbas aromáticas envueltas en una corteza dorada y crujiente!

81.Strudel De Carne Y Brócoli

INGREDIENTES:
PARA EL LLENADO:
- 1 libra de solomillo de res, en rodajas finas
- 2 tazas de floretes de brócoli, blanqueados
- 1 cebolla, en rodajas finas
- 2 dientes de ajo, picados
- 1/4 taza de salsa de soja
- 2 cucharadas de salsa de ostras
- 1 cucharada de salsa hoisin
- 1 cucharadita de aceite de sésamo
- 1 cucharada de aceite vegetal
- Sal y pimienta negra al gusto

PARA LA MASA DE STRUDEL:
- 2 tazas de harina para todo uso
- 1/2 taza de agua tibia
- 1/4 taza de aceite vegetal
- Pizca de sal

PARA MONTAJE:
- 1/4 taza de mantequilla derretida (para untar)
- Semillas de sésamo (opcional, para cubrir)

INSTRUCCIONES:
PARA EL LLENADO:
a) Precalienta el horno a 375°F (190°C).
b) En una sartén, calienta el aceite vegetal a fuego medio-alto. Agregue la carne en rodajas y cocine hasta que se dore. Retirar de la sartén y reservar.
c) En la misma sartén, añade un poco más de aceite si es necesario. Saltee las cebollas en rodajas y el ajo picado hasta que se ablanden.
d) Añade los floretes de brócoli blanqueados a la sartén y sofríe durante un par de minutos.
e) Regrese la carne cocida a la sartén. Agrega la salsa de soja, la salsa de ostras, la salsa hoisin, el aceite de sésamo, la sal y la pimienta negra. Cocine hasta que la mezcla esté bien combinada y completamente caliente. Retirar del fuego y dejar enfriar.

PARA LA MASA DE STRUDEL:
f) En un bol, combine la harina y la sal. Hacer un hueco en el centro y agregar agua tibia y aceite vegetal.
g) Mezclar hasta que se forme una masa. Amasar la masa sobre una superficie enharinada hasta que quede suave y elástica.
h) Deja reposar la masa unos 30 minutos, tapada con un paño húmedo.

ASAMBLEA:
i) Precalienta el horno a 375°F (190°C).
j) Extienda la masa sobre una superficie enharinada hasta formar un rectángulo grande.
k) Coloque el relleno de carne y brócoli enfriado a lo largo de un borde del rectángulo, dejando algo de espacio alrededor de los bordes.
l) Enrolle la masa sobre el relleno, metiendo los lados a medida que avanza, para formar un tronco.
m) Coloque el strudel enrollado en una bandeja para hornear forrada con papel pergamino.
n) Unte el strudel con mantequilla derretida. Opcionalmente, espolvorea semillas de sésamo encima.
o) Hornee en el horno precalentado durante 25-30 minutos o hasta que el strudel esté dorado y bien cocido.
p) Deje que el strudel de carne y brócoli se enfríe un poco antes de cortarlo.

82.Strudels De Salchicha Y Champiñones

INGREDIENTES:
PARA EL LLENADO:
- 1 libra de salchicha (italiana, de desayuno o de su elección), sin tripa
- 2 tazas de champiñones, finamente picados
- 1 cebolla, finamente picada
- 2 dientes de ajo, picados
- 1/2 taza de pan rallado
- 1/4 taza de queso parmesano rallado
- 1 cucharada de hojas frescas de tomillo
- Sal y pimienta negra al gusto
- Aceite de oliva para saltear

PARA LA MASA DE STRUDEL:
- 2 tazas de harina para todo uso
- 1/2 taza de agua tibia
- 1/4 taza de aceite vegetal
- Pizca de sal

PARA MONTAJE:
- 1/4 taza de mantequilla derretida (para untar)
- Semillas de sésamo o semillas de amapola (opcional, para cubrir)

INSTRUCCIONES:
PARA EL LLENADO:
a) Precalienta el horno a 375°F (190°C).
b) En una sartén, calienta el aceite de oliva a fuego medio-alto. Agrega la cebolla picada y el ajo picado. Saltee hasta que se ablanden.
c) Agrega la salchicha a la sartén, partiéndola con una cuchara y cocina hasta que se dore. Escurrir el exceso de grasa si es necesario.
d) Agrega los champiñones picados a la sartén y cocina hasta que suelten su humedad.
e) Agregue el pan rallado, el parmesano rallado, el tomillo fresco, la sal y la pimienta negra. Cocine hasta que la mezcla esté bien combinada . Retirar del fuego y dejar enfriar.

PARA LA MASA DE STRUDEL:

f) En un bol, combine la harina y la sal. Hacer un hueco en el centro y agregar agua tibia y aceite vegetal.
g) Mezclar hasta que se forme una masa. Amasar la masa sobre una superficie enharinada hasta que quede suave y elástica.
h) Deja reposar la masa unos 30 minutos, tapada con un paño húmedo.

ASAMBLEA:
i) Precalienta el horno a 375°F (190°C).
j) Extienda la masa sobre una superficie enharinada hasta formar un rectángulo grande.
k) Coloque el relleno de salchicha y champiñones enfriado a lo largo de un borde del rectángulo, dejando algo de espacio alrededor de los bordes.
l) Enrolle la masa sobre el relleno, metiendo los lados a medida que avanza, para formar un tronco.
m) Coloque el strudel enrollado en una bandeja para hornear forrada con papel pergamino.
n) Unte el strudel con mantequilla derretida. Opcionalmente, espolvorea semillas de sésamo o de amapola encima.
o) Hornee en el horno precalentado durante 25-30 minutos o hasta que el strudel esté dorado y bien cocido.
p) Deje que los strudels de salchicha y champiñones se enfríen un poco antes de cortarlos.

83. Strudel De Champiñones Y Calabacín

INGREDIENTES:
PARA EL LLENADO:
- 2 tazas de champiñones, en rodajas finas
- 2 calabacines medianos (zucchini), rallados
- 1 cebolla, finamente picada
- 2 dientes de ajo, picados
- 1/2 taza de queso ricota
- 1/4 taza de queso parmesano rallado
- 2 cucharadas de perejil fresco, picado
- 1 cucharada de aceite de oliva
- Sal y pimienta negra al gusto

PARA LA MASA DE STRUDEL:
- 2 tazas de harina para todo uso
- 1/2 taza de agua tibia
- 1/4 taza de aceite de oliva
- Pizca de sal

PARA MONTAJE:
- 1/4 taza de mantequilla derretida (para untar)
- Semillas de sésamo o semillas de amapola (opcional, para cubrir)

INSTRUCCIONES:
PARA EL LLENADO:
a) Precalienta el horno a 375°F (190°C).
b) En una sartén, calienta el aceite de oliva a fuego medio-alto. Agrega la cebolla picada y el ajo picado. Saltee hasta que se ablanden.
c) Agrega los champiñones en rodajas a la sartén y cocina hasta que suelten su humedad.
d) Agregue los calabacines rallados y cocine por unos minutos hasta que estén tiernos. Retire el exceso de humedad si es necesario.
e) En un bol, combine la mezcla salteada de champiñones y calabacín con queso ricotta, parmesano rallado, perejil picado, sal y pimienta negra. Mezclar bien. Deja que el relleno se enfríe.

PARA LA MASA DE STRUDEL:
f) En un bol, combine la harina y la sal. Hacer un hueco en el centro y agregar agua tibia y aceite de oliva.

g) Mezclar hasta que se forme una masa. Amasar la masa sobre una superficie enharinada hasta que quede suave y elástica.
h) Deja reposar la masa unos 30 minutos, tapada con un paño húmedo.

ASAMBLEA:
i) Precalienta el horno a 375°F (190°C).
j) Extienda la masa sobre una superficie enharinada hasta formar un rectángulo grande.
k) Coloque el relleno de champiñones y calabacín enfriado a lo largo de un borde del rectángulo, dejando algo de espacio alrededor de los bordes.
l) Enrolle la masa sobre el relleno, metiendo los lados a medida que avanza, para formar un tronco.
m) Coloque el strudel enrollado en una bandeja para hornear forrada con papel pergamino.
n) Unte el strudel con mantequilla derretida. Opcionalmente, espolvorea semillas de sésamo o de amapola encima.
o) Hornee en el horno precalentado durante 25-30 minutos o hasta que el strudel esté dorado y bien cocido.
p) Deje que el strudel de champiñones y calabacín se enfríe un poco antes de cortarlo.

84.Milhojas De Champiñones

INGREDIENTES:
- 2 chalotes, picados
- ½ taza de vino blanco
- 8 onzas de crimini, en rodajas
- 8 onzas de shiitake, en rodajas
- 1 ½ tazas de crema espesa
- ½ cucharaditas de tomillo, fresco
- Sal y pimienta negra al gusto
- 1 huevo batido
- 12 cuadrados de hojaldre de 4 pulgadas

INSTRUCCIONES:
a) Cocine los champiñones y las chalotas en el vino hasta que el vino se evapore. Agrega la nata, el tomillo y la sal y pimienta.
b) Reducir a la mitad y enfriar por un par de horas o hasta que la crema cuaje. Vierta 1 cucharadita redonda de mezcla de champiñones en la masa, doble y unte con huevo batido.
c) Hornee en el horno durante unos 8-12 minutos o hasta que estén dorados. Calienta el resto de la mezcla de champiñones y sirve con strudel.

PLATOS MÁS ENVASEADOS

85. Croustades de lomo con relleno de queso y champiñones

INGREDIENTES:
PARA LAS CRUZADAS:
- 1 baguette, cortada en rodajas de 1/2 pulgada
- Aceite de oliva para cepillar
- Sal y pimienta negra al gusto

PARA EL SOLOMILLO DE TERNERA:
- 1 libra de lomo de res, finamente cortado en cubitos
- 2 cucharadas de aceite de oliva
- 2 dientes de ajo, picados
- 1 cucharadita de tomillo seco
- Sal y pimienta negra al gusto

PARA EL RELLENO DE SETAS Y QUESO DE CABRA:
- 2 tazas de champiñones, finamente picados
- 2 cucharadas de mantequilla
- 1 cebolla pequeña, finamente picada
- 2 dientes de ajo, picados
- 4 onzas de queso de cabra
- Sal y pimienta negra al gusto
- Perejil fresco picado (para decorar)

INSTRUCCIONES:
PARA LAS CRUZADAS:
a) Precalienta el horno a 375°F (190°C).
b) Coloque las rebanadas de baguette en una bandeja para hornear. Unte cada rebanada con aceite de oliva y espolvoree con sal y pimienta negra.
c) Hornee en el horno precalentado durante 8-10 minutos o hasta que las rebanadas estén doradas y crujientes. Dejar de lado.

PARA EL SOLOMILLO DE TERNERA:
d) En una sartén, calienta el aceite de oliva a fuego medio-alto. Agregue el ajo picado y saltee hasta que esté fragante.
e) Añade a la sartén el lomo de ternera finamente cortado en cubitos. Sazone con tomillo seco, sal y pimienta negra.
f) Cocine hasta que la carne esté dorada por todos lados. Retirar del fuego y dejar de lado.

PARA EL RELLENO DE SETAS Y QUESO DE CABRA:

g) En la misma sartén, derrita la mantequilla a fuego medio. Agregue las cebollas picadas y saltee hasta que se ablanden.
h) Agrega los champiñones picados y el ajo picado a la sartén. Cocine hasta que los champiñones suelten su humedad.
i) Sazone con sal y pimienta negro. Agregue el queso de cabra y cocine hasta que la mezcla esté bien combinada . Alejar del calor.

ASAMBLEA:

j) Vierta una pequeña cantidad del relleno de champiñones y queso de cabra en cada croustade.
k) Cubra cada croustade con una porción del lomo de res salteado.
l) Adorne con perejil fresco picado.

86. Rollitos De Salchicha Al Whisky

INGREDIENTES:
- 1 libra de salchicha para el desayuno
- 1/4 taza de whisky
- 1/4 taza de pan rallado
- 1/4 taza de perejil picado
- 1 cucharadita de ajo en polvo
- Sal y pimienta para probar
- 1 hoja de hojaldre, descongelado

INSTRUCCIONES:
a) Precalienta tu horno a 400°F (200°C).
b) En un tazón, combine la salchicha del desayuno, el whisky, el pan rallado, el perejil, el ajo en polvo, la sal y la pimienta.
c) Extienda la hoja de hojaldre sobre una superficie enharinada y córtela en 8 rectángulos iguales.
d) Divida la mezcla de salchicha en 8 porciones y déle a cada una forma de salchicha.
e) Coloca cada salchicha sobre un rectángulo de hojaldre y enrolla sellando los bordes.
f) Coloque los rollos de salchicha en una bandeja para hornear y hornee durante 20-25 minutos, o hasta que estén dorados y bien cocidos.
g) Servir caliente.

87. mango y Embutido molinetes

INGREDIENTES:
- 500 g de salchicha picada
- 36 hojas de espinacas tiernas
- 185 g de chutney de chile y mango
- 1 cebolla pequeña finamente picada
- 1 cucharadita de condimento marroquí opcional
- 1 pizca de sal y pimienta
- 3 láminas de hojaldre
- 1 cucharada de leche

INSTRUCCIONES:
a) Combine la cebolla, el chutney de mango, la salchicha picada, la sal, la pimienta y el condimento marroquí en un tazón mediano.
b) Extienda sobre las hojas de masa, dejando un pequeño espacio en el otro extremo.
c) Cubre la carne con una capa de hojas tiernas de espinacas.
d) Enrolle la masa desde el borde más cercano. Pasa una brocha de repostería mojada en leche a lo largo del borde más alejado para sellar la masa y darle forma de salchicha larga.
e) Cortar en 12 rebanadas y colocar los trozos sobre una bandeja engrasada.
f) Hornear a 180C durante 12-15 minutos hasta que esté cocido.

88.Molinetes de hojaldre de atún

INGREDIENTES:
- 1 hoja de hojaldre
- 2 cucharaditas de aceite de oliva virgen extra
- 1 cebolla mediana marrón/amarilla, finamente picada
- 6,5 onzas de atún enlatado en aceite, bien escurrido
- ⅓ taza de queso cheddar rallado
- 3 cucharadas de perejil de hoja plana, finamente picado
- 1 cucharadita de ralladura de limón
- ¼ cucharadita de pimienta de cayena
- sal marina y pimienta negra recién molida

INSTRUCCIONES:
a) Precalienta tu horno a 200 grados C.
b) Prepara una bandeja para horno con papel de horno.
c) Sacar el hojaldre del congelador y descongelar.
d) Regrese la masa al refrigerador una vez descongelada para mantenerla fría.
e) Pica finamente la cebolla y sofríe en aceite de oliva durante unos 8-10 minutos, o hasta que esté ligeramente caramelizada. Dejar enfriar.
f) Escurre la lata de atún y agrégala a un bol mediano. Triture para romper los trozos grandes.
g) Agregue la cebolla cocida y los ingredientes restantes al atún y mezcle bien para combinar.
h) Comprueba que el condimento es de tu gusto, añadiendo más sal, pimienta o ralladura de limón si es necesario.
i) Cubra la masa con su mezcla de atún. Extienda la mezcla uniformemente, asegurándose de dejar un pequeño espacio alrededor del borde de la masa.
j) Con el dorso de una cuchara o una espátula de goma, presione la mezcla para compactarla.
k) Comience a enrollar lentamente la masa desde el extremo más cercano a usted. Continúe enrollando hacia adelante, con razonable firmeza, manteniéndolo lo más apretado posible, hasta llegar al final del rollo.

l) Regrese el hojaldre al refrigerador durante unos 15 minutos para que se endurezca.

m) Con un cuchillo de sierra, corte los extremos y deséchelos.

n) Luego, con el mismo cuchillo, corte el molinete en rodajas de aproximadamente 1,5 cm (½ ") de grosor.

o) Coloque los molinetes en una bandeja para hornear. Si se cae un poco de mezcla, simplemente empújela hacia adentro con cuidado.

p) Hornee durante 15 a 20 minutos o hasta que se doren y la masa esté bien cocida.

q) Sirva caliente del horno o déjelo enfriar a temperatura ambiente.

89. Cerditos en una hamaca

INGREDIENTES:
- 1 paquete (17,3 onzas) de hojaldre congelado, descongelado
- 3 cucharadas de mermelada de frambuesa sin semillas
- 1 cucharada de mostaza Dijon
- 1 ronda (8 onzas) de queso camembert
- 18 salchichas ahumadas en miniatura
- 1 huevo grande
- 1 cucharada de agua

INSTRUCCIONES:

a) Precalienta el horno a 425 °F. Extiende el hojaldre y corta 9 cuadrados de cada hojaldre. Corta cada cuadrado en diagonal para crear dos triángulos.

b) Combine la mostaza y la mermelada en un tazón pequeño y mezcle bien. Extienda la mezcla sobre triángulos. Corta el queso por la mitad en forma transversal; luego corte cada mitad en nueve gajos.

c) Coloque una rodaja de queso y una salchicha encima de cada triángulo de masa. Coloque los bordes de la masa sobre la salchicha y el queso y selle presionando los bordes para unirlos.

d) Coloque la masa en una bandeja para hornear forrada con papel pergamino. Batir el agua y el huevo en un tazón pequeño y untar la masa con la mezcla de huevo.

e) Hornee hasta que esté dorado, de 15 a 17 minutos.

90. Rollitos De Salchicha De Hojaldre

INGREDIENTES:
- 1 hoja de hojaldre, descongelado
- 4 salchichas sin tripa
- 1 huevo batido

INSTRUCCIONES:
a) Precalienta el horno a 400°F (200°C).
b) Sobre una superficie ligeramente enharinada, extienda el hojaldre hasta que tenga un grosor de aproximadamente 1/4 de pulgada.
c) Divida la carne de la salchicha en 4 porciones iguales y forme un tronco con cada porción.
d) Coloque cada tronco de salchicha sobre el hojaldre y enrolle el hojaldre alrededor del tronco de salchicha, presionando los bordes para sellar.
e) 5. Corta cada rollo de salchicha en 4 trozos iguales.
f) Coloque los rollitos de salchicha en una bandeja para hornear forrada con papel pergamino.
g) Unte cada rollo de salchicha con huevo batido.
h) Hornee durante 20-25 minutos hasta que se doren y la salchicha esté bien cocida.
i) Servir caliente.

91. Estofado De Carne Con Hierbas Y Hojaldre

INGREDIENTES:
- 1 libra de carne para estofado de res, cortada en cubos de 1 pulgada
- 1 cucharada de aceite de canola
- 3 zanahorias medianas, cortadas en trozos de 1 pulgada
- 1 a 2 papas rojas medianas, cortadas en trozos de 1 pulgada
- 1 taza de apio en rodajas (trozos de 1/2 pulgada)
- 1/2 taza de cebolla picada
- 1 diente de ajo, picado
- 2 latas (10-1/2 onzas cada una) de caldo de res condensado, sin diluir
- 1 lata (14-1/2 onzas) de tomates cortados en cubitos, sin escurrir
- 1 cucharadita de hojuelas de perejil seco, tomillo y mejorana
- 1/4 cucharadita de pimienta
- 2 hojas de laurel
- 1 taza de calabaza pelada en cubos
- 3 cucharadas de tapioca de cocción rápida
- 1 a 2 paquetes (17,3 onzas cada uno) de hojaldre congelado, descongelado
- 1 yema de huevo
- 1/4 taza de crema para batir espesa

INSTRUCCIONES:
a) Dore la carne en aceite en una olla; cepa. Incorpora los condimentos, los tomates, el caldo, el ajo, la cebolla, el apio, las patatas y las zanahorias.

b) Hiervelo. Baje el fuego y cocine a fuego lento tapado hasta que la carne esté casi suave, aproximadamente 1 hora. Retire las hojas de laurel. Incorpora la tapioca y la calabaza y vuelve a hervir. Cocine por 5 minutos. Retirar del fuego, dejar enfriar durante 10 minutos.

c) Mientras tanto, en una superficie ligeramente untada con harina, extienda el hojaldre hasta que tenga un grosor de 1/4 de pulgada. Con 10 oz. Usando el molde como patrón, corte 6 círculos de masa, aproximadamente 1 pulgada más grandes que el diámetro del molde.

d) Rellene la mezcla de carne en 6 10 onzas engrasadas. moldes; coloque un círculo de masa encima de cada uno. Selle la masa hasta los bordes de los moldes, haga un corte en las ranuras de cada masa. Si quieres, corta 30 tiras con restos de masa.

e) Girar las tiras, poner en cada molde 5 tiras. Sellar pellizcando los bordes. Mezcle la nata y la yema de huevo y unte con un pincel la parte superior.

f) Poner en una bandeja para hornear galletas. Hornee a 400 ° hasta que se doren, aproximadamente 30-35 minutos. Dejar reposar 5 minutos antes de comer.

92. Rollitos de salchicha de cordero con yogur harissa

INGREDIENTES:
- 2 Cucharadas de aceite de oliva virgen extra
- 1 cebolla blanca, finamente picada
- 3 dientes de ajo machacados
- 1 Cucharadas de romero finamente picado
- 1 cucharadita de semillas de comino, trituradas, más un extra
- 500 g de carne picada de cordero
- 3 hojas de hojaldre de mantequilla congelada, descongelada
- 1 huevo, ligeramente batido
- 250 g de yogur espeso estilo griego
- 1/4 taza (75 g) de harissa o chutney de tomate
- Micro menta para servir (opcional)

INSTRUCCIONES:
a) Precalienta el horno a 200C. Calienta el aceite en una sartén a fuego medio. Agregue la cebolla y cocine durante 3-4 minutos hasta que se ablande. Agregue el ajo, el romero y el comino y cocine de 1 a 2 minutos hasta que estén fragantes. Retirar del fuego, enfriar durante 10 minutos y luego combinar con la carne picada.

b) Divida la mezcla entre láminas de hojaldre, colocándola a lo largo de un borde para formar un tronco. Enrolle para cerrar, cepillando los últimos 3 cm de la masa de masa con huevo batido. Sellar y recortar la masa.

c) Colóquelo en una bandeja para hornear forrada con papel de hornear, con la costura hacia abajo y congélelo durante 10 minutos. Esto hará que sea más fácil cortarlos.

d) Corta cada rollo en 4 y déjalo en la bandeja. Unte con huevo batido y espolvoree con más semillas de comino. Hornee durante 30 minutos o hasta que la masa esté dorada y bien cocida.

e) Revuelva la harissa con el yogur y sirva con los rollitos de salchicha, espolvoreados con menta.

93. Pastel de olla estilo libanés

INGREDIENTES:
- 3 cucharadas de puré de ajo
- 1/4 taza de queso feta con hierbas desmenuzado
- 1 yema de huevo
- 1 hoja de hojaldre congelada, descongelada y cortada por la mitad
- 2 tazas de espinacas frescas picadas
- 2 mitades de pechuga de pollo deshuesadas y sin piel
- 2 cucharadas de pesto de albahaca
- 1/3 taza de tomates secados al sol picados

INSTRUCCIONES : s

a) Configure su horno a 375 grados F antes de hacer cualquier otra cosa.

b) Cubra las pechugas de pollo con una mezcla de puré de ajo y yema de huevo en un plato de vidrio antes de cubrirlas con una envoltura de plástico y refrigerar estas pechugas de pollo durante al menos cuatro horas.

c) Coloque la mitad de las espinacas en el centro de la mitad de una masa y luego coloque un trozo de pechuga de pollo encima antes de agregar 1 cucharada de pesto, tomates secados al sol, queso feta y luego las espinacas restantes.

d) Envuélvelo con la otra mitad de la masa.

e) Repita los mismos pasos para las pechugas restantes.

f) Coloque todo esto en una fuente para horno.

g) Hornea en el horno precalentado durante unos 40 minutos o hasta que el pollo esté tierno.

h) Atender.

94. Pastel de verduras

INGREDIENTES:
- 1 hoja de hojaldre
- 2 tazas de vegetales mixtos, descongelados
- 1 lata de crema de champiñones condensada
- 1/2 taza de leche
- Sal y pimienta

INSTRUCCIONES:
a) Precalienta el horno a 400°F (200°C).
b) En un tazón, mezcle las verduras mixtas, la sopa condensada, la leche, la sal y la pimienta.
c) Extienda el hojaldre sobre una superficie ligeramente enharinada y colóquelo en una fuente para horno.
d) Vierta la mezcla de verduras en la masa y cúbrala con otra hoja de masa, doblando los bordes para sellar.
e) Hornee durante 30-35 minutos o hasta que la masa esté dorada.

95.Pastel abierto de espinacas y pesto

INGREDIENTES:
- 2 (12 oz) filetes de salmón sin piel y sin espinas
- sal sazonada al gusto
- 1/2 cucharadita de ajo en polvo
- 1 cucharadita de cebolla en polvo
- 1 paquete (17.25 oz.) de hojaldre congelado, descongelado
- 1/3 taza de pesto
- 1 paquete (6 oz) de hojas de espinaca

INSTRUCCIONES : s

a) Configure su horno a 375 grados F antes de hacer cualquier otra cosa.

b) Cubra el salmón con una mezcla de sal, cebolla en polvo y ajo en polvo antes de reservarlo.

c) Ahora coloque la mitad de las espinacas entre dos láminas de hojaldre separadas, mientras pone más en el centro y coloque el filete de salmón sobre cada una en el centro antes de colocar el pesto y las espinacas restantes.

d) Humedece los bordes con agua y dóblalo.

e) Hornee esto en el horno precalentado durante unos 25 minutos.

f) Enfriarlo.

g) Atender.

96.burekas

INGREDIENTES:
- 1 libra de hojaldre con mantequilla de la mejor calidad
- 1 huevo grande de gallinas camperas, batido

RELLENO DE RICOTA
- ¼ de taza / 60 g de requesón
- ¼ de taza / 60 g de queso ricota
- ⅔ taza / 90 de queso feta desmenuzado
- 2 cucharaditas / 10 g de mantequilla sin sal, derretida

RELLENO DE PECORINO
- 3½ cucharadas / 50 g de queso ricotta
- ⅔ taza / 70 g de queso pecorino añejo rallado
- ⅓ taza / 50 g de queso Cheddar añejo rallado
- 1 puerro, cortado en gajos de 5 cm / 2 pulgadas, blanqueado hasta que esté tierno y picado finamente (¾ taza / 80 g en total)
- 1 cucharada de perejil de hoja plana picado
- ½ cucharadita de pimienta negra recién molida

SEMILLAS
- 1 cucharadita de semillas de nigella
- 1 cucharadita de semillas de sésamo
- 1 cucharadita de semillas de mostaza amarilla
- 1 cucharadita de semillas de alcaravea
- ½ cucharadita de hojuelas de chile

INSTRUCCIONES:

a) Extienda la masa en dos cuadrados de 30 cm / 12 pulgadas cada uno de 3 mm / ⅛ de pulgada de espesor. Coloque las hojas de masa en una bandeja para hornear forrada con papel pergamino (pueden reposar una encima de la otra, con una hoja de pergamino entre ellas) y déjelas en el refrigerador durante 1 hora.

b) Coloque cada conjunto de ingredientes de relleno en un recipiente aparte. Mezclar y reservar. Mezclar todas las semillas en un bol y reservar.

c) Corta cada hoja de masa en cuadrados de 10 cm / 4 pulgadas; Deberías obtener 18 cuadrados en total. Divida el primer relleno de manera uniforme entre la mitad de los cuadrados y colóquelo en el centro de cada cuadrado. Cepille dos bordes adyacentes de cada cuadrado con huevo y luego doble el cuadrado por la mitad para formar un triángulo. Expulse el aire y junte los lados firmemente. Hay que presionar muy bien los bordes para que no se abran durante la cocción. Repita con los cuadrados de masa restantes y el segundo relleno. Colóquelo en una bandeja para hornear forrada con papel pergamino y enfríe en el refrigerador durante al menos 15 minutos para que se endurezca. Precalienta el horno a 425°F / 220°C.

d) Cepille los dos bordes cortos de cada masa con huevo y sumerja estos bordes en la mezcla de semillas; Todo lo que se necesita es una pequeña cantidad de semillas, de sólo ⅙ de pulgada/2 mm de ancho, ya que son bastante dominantes. Cepille también la parte superior de cada hojaldre con un poco de huevo, evitando las semillas.

e) Asegúrese de que los pasteles estén espaciados aproximadamente 1¼ pulgadas / 3 cm. Hornee de 15 a 17 minutos, hasta que esté dorado por todas partes. Servir tibio o a temperatura ambiente. Si parte del relleno se derrama de los pasteles durante el horneado, simplemente rellénelo con cuidado cuando estén lo suficientemente fríos como para manipularlos.

97. Pastel de bistec

INGREDIENTES:
- 1 1/2 libras de lomo de res, cortado en trozos pequeños
- 1/4 taza de harina
- 1 cucharadita de sal
- 1/2 cucharadita de pimienta negra
- 3 cucharadas de mantequilla
- 1 taza de caldo de res
- 1 taza de champiñones rebanados
- 1/2 taza de cebolla picada
- 1/2 taza de apio picado
- 1/2 taza de zanahorias picadas
- 2 cucharadas de perejil fresco picado
- 1/2 cucharadita de tomillo seco
- 1/4 cucharadita de romero seco
- 1 hoja de hojaldre
- 1 huevo batido

INSTRUCCIONES:
a) Precalienta el horno a 400°F.
b) En un tazón grande, mezcle la harina, la sal y la pimienta negra. Agrega los trozos de carne y revuelve hasta que estén cubiertos con la mezcla de harina.
c) Derrita la mantequilla en una sartén grande a fuego medio-alto. Agregue la carne y cocine hasta que se dore por todos lados.
d) Agrega el caldo de res, los champiñones, la cebolla, el apio, las zanahorias, el perejil, el tomillo y el romero a la sartén. Llevar a ebullición, luego reducir el fuego y dejar cocinar a fuego lento durante 10-15 minutos, hasta que las verduras estén tiernas y la salsa espesa.
e) Extienda el hojaldre sobre una superficie ligeramente enharinada y úselo para forrar un molde para pastel de 9 pulgadas. Rellena el pastel con la mezcla de carne.
f) Pincelamos los bordes de la masa con huevo batido. Cubra la parte superior del pastel con la masa restante, doblando los bordes para sellar.
g) Pincelar la parte superior de la masa con el huevo batido restante.
h) Hornee en el horno precalentado durante 30-35 minutos, hasta que la masa esté dorada.

98.Flotador de pastel australiano

INGREDIENTES:
- 1 cebolla morada grande, finamente picada
- 2 cucharadas de aceite vegetal
- 1 libra de carne magra finamente picada o molida
- 3/4 taza de caldo de carne o de verduras
- 1 cucharada de maicena
- Pizca de sal
- Una pizca de pimienta
- 2 hojas de masa para tarta congelada
- 2 láminas de hojaldre congelado
- 4 tazas de caldo de res
- 2 cucharaditas de bicarbonato de sodio
- 1 libra de guisantes secos, remojados durante la noche en suficiente agua para cubrir
- 1 cucharadita de bicarbonato de sodio

INSTRUCCIONES:

a) La noche anterior, coloque los guisantes en una cacerola honda, cúbralos con agua mezclada con bicarbonato de sodio y déjelos reposar toda la noche. Escurrir cuando esté listo para cocinar.

b) Precalienta el horno a 450°F.

c) En una cacerola sofreír la cebolla en un poco de aceite. Añade la carne y dórala.

d) Agrega el caldo, los condimentos y la maicena. Cocine a fuego medio, revolviendo constantemente para incorporar la maicena hasta que se forme una salsa espesa, aproximadamente cinco minutos.

e) Engrase cuatro moldes para pastel de 3 × 6 pulgadas. Corte círculos de 3 × 7 pulgadas de masa para pastel para cubrir las bases y los lados de los moldes. Rellénelo con la mezcla de carne y salsa. Cepille las llantas con agua.

f) Corta círculos de 3 × 7 pulgadas de hojaldre. Colóquelo sobre la carne. Presione para sellar. Recortar. Coloque los pasteles en una bandeja caliente.

g) Hornee en precalentado durante 20 a 25 minutos o hasta que esté dorado.

h) Mientras se hornean los pasteles, prepare la salsa de guisantes.

i) Lavar los guisantes rehidratados para quitarles la suciedad y ponerlos en un cazo con una cucharadita de bicarbonato y el caldo de res.

j) Llevar a ebullición y cocinar hasta que los guisantes estén muy suaves.

k) Triture o haga puré los guisantes y la mezcla de caldo hasta obtener la consistencia de una sopa espesa.

l) Vierta la salsa de guisantes en un plato para servir y coloque un pastel caliente encima.

m) Rinde cuatro pasteles.

99. Pastel de carne y cebolla

INGREDIENTES:
- 2 cucharadas de aceite de oliva
- 2 x 600 g de mejillas de ternera, sin tendones
- 1 cebolla grande, cortada en gajos
- 2 dientes de ajo machacados
- 125 ml de vino tinto
- 1 litro de caldo de res
- 2 ramitas de romero
- 1 paquete de 320 g (1 hoja) de hojaldre comprado en la tienda
- 1 nuez pequeña de mantequilla
- sal y pimienta negra recién molida
- 1 rama de apio, finamente picado, para decorar
- hojas de apio, para decorar
- hojas de capuchina, para adornar

PARA EL RELLENO DE TOMATE DULCE
- 250 g de tomates maduros
- ½ cebolla morada, finamente picada
- 1 cucharadita de aceite de oliva
- 1 diente de ajo, finamente picado
- de hojuelas de chile seco
- ½ cucharadita de pasta o puré de tomate
- 1 cucharada de azúcar moreno
- 1 cucharada de vinagre de vino tinto

PARA LAS CEBOLLAS AGRADIDAS AHUMADAS
- 1 cucharadita de aceite de oliva
- 4 chalotes, cortados por la mitad a lo largo
- 125 ml de vinagre de manzana
- 1 cucharada de azúcar en polvo

INSTRUCCIONES:

a) Para la salsa de tomate dulce, corte una cruz poco profunda en la parte inferior de cada tomate con un cuchillo pequeño. Coloque los tomates en un tazón grande, cúbralos con agua hirviendo y déjelos por 30 segundos, luego transfiera inmediatamente los tomates a un tazón con agua helada. Pelar los tomates y reservar. Corte los tomates enfriados en cuartos, retire y deseche las membranas internas y las semillas, y pique la pulpa en trozos pequeños.

b) Mientras los tomates se enfrían, coloca una cacerola mediana a fuego medio. Agregue la cebolla y el aceite de oliva y cocine de 4 a 6 minutos hasta que estén suaves pero sin color . Agrega el ajo y las hojuelas de chile y cocina por un minuto más. Agrega la pasta o puré de tomate y revuelve durante 2 minutos, luego agrega el azúcar y el vinagre. Agrega los tomates a la cacerola y revuelve bien la mezcla. Llevar a ebullición y luego reducir el fuego a medio-bajo. Cocine durante 8 a 10 minutos, revolviendo ocasionalmente, hasta que la mezcla esté espesa y pegajosa. Sazone con sal y pimienta y deje enfriar un poco.

c) Una vez enfriada, mezcle la mezcla con una batidora o transfiérala a una licuadora y presione para formar una pasta suave. Retirar y reservar hasta que esté listo para servir.

d) Para hacer las cebollas ahumadas y agrias, ponga el aceite de oliva en una sartén pequeña a fuego medio-alto y sazone el aceite con sal. Coloque las cebollas, con el lado cortado hacia abajo, en una capa uniforme alrededor de la sartén.

e) Cocine durante 4 a 6 minutos, o hasta que esté ligeramente carbonizado, luego reduzca el fuego a bajo y agregue el vinagre y el azúcar. Tapar y cocinar a fuego lento durante 5 minutos más, luego apagar el fuego y dejar enfriar las cebollas en el líquido. Ponga a un lado hasta que esté listo para servir.

100. Hojaldres De Jamón Y Queso

INGREDIENTES:
- 1 hoja de hojaldre, descongelado
- 1/2 taza de jamón cortado en cubitos
- 1/2 taza de queso cheddar rallado
- 1 huevo batido

INSTRUCCIONES:
a) Precalienta el horno a 400°F (200°C).
b) Sobre una superficie ligeramente enharinada, extienda el hojaldre hasta que tenga un grosor de aproximadamente 1/4 de pulgada.
c) Cortar el hojaldre en 9 cuadrados iguales.
d) En un bol, mezcle el jamón cortado en cubitos y el queso cheddar rallado.
e) Vierta aproximadamente 1 cucharada de la mezcla de jamón y queso en cada cuadrado de hojaldre.
f) Dobla las esquinas del hojaldre hacia arriba y sobre el relleno, presionando los bordes para sellar.
g) Pincelar cada hojaldre con huevo batido.
h) Hornee durante 15-20 minutos hasta que estén dorados.
i) Servir caliente.

CONCLUSIÓN

Al concluir nuestra odisea culinaria a través de "El arte gourmet de Wellington y En Croûte ", esperamos que haya experimentado el placer de crear y disfrutar de elegantes platos envueltos que trascienden lo común. Cada receta contenida en estas páginas es un testimonio de la fusión del arte culinario y el placer gastronómico, donde las capas de hojaldre envuelven deliciosos rellenos. , creando una sinfonía de sabores.

Ya sea que se haya deleitado con la elegancia clásica de Beef Wellington, haya explorado los giros innovadores de las opciones vegetarianas o haya creado sus propias variaciones únicas, confiamos en que estas 100 recetas hayan elevado su repertorio culinario. Más allá de la cocina, que el arte de Wellington y En Croûte se convierte en fuente de inspiración, transformando tus comidas en espectáculos culinarios que deleitan los sentidos.

Mientras continúa explorando las posibilidades gourmet dentro de su cocina, que el espíritu artístico perdure en sus esfuerzos culinarios. Brindemos por el placer de crear y saborear platos elegantes, donde cada bocado es una celebración del arte gourmet que se encuentra en "El arte gourmet de Wellington y En Croûte ." ¡Salud por elevar su experiencia culinaria a nuevas alturas!